Wuppertal, den 29.05.00

Lieber Wilfried,
ich danke Dir für die
gute Zusammenarbeit
und für Deine Geduld
bei der Fehlersuche.

Senja

Diclo phlogont® SL 100

Wirkstoff: Diclofenac-Natri...

D1666350

Für
Herrn
Follman.

AZU
PHARMA

Ihre Erfahrung. Ihre Diagnose:

▶ dazu **AZU**)

Inaugural-Dissertation

zur Erlangung des Doktorgrades

der Philosophischen Fakultät der Universität zu Köln

Mentale Beanspruchungsmessung im Labor und Feld

Eine verkehrspsychologische Studie

vorgelegt von

Svenja Thiel

Wuppertal

1999

Dissertation,

vorgelegt und angenommen von der

Philosophischen Fakultät der Universität zu Köln

Erster Referent: Prof. Dr. W. Hussy

Zweiter Referent: Prof. Dr. E. Stephan

Berichte aus der Psychologie

Svenja Thiel

Mentale Beanspruchungsmessung im Labor und Feld

Eine verkehrspsychologische Studie

D 38 (Diss. Universität Köln)

Shaker Verlag
Aachen 2000

Die Deutsche Bibliothek - CIP-Einheitsaufnahme

Thiel, Svenja:
Mentale Beanspruchungsmessung im Labor und Feld : Eine verkehrs-
psychologische Studie / Svenja Thiel. - Als Ms. gedr. -
Aachen : Shaker, 2000
   (Berichte aus der Psychologie)
   Zugl.: Köln, Univ., Diss., 1999
ISBN 3-8265-6886-9

Als Manuskript gedruckt. Printed in Germany.

ISBN 3-8265-6886-9
ISSN 0945-0971

Shaker Verlag GmbH • Postfach 1290 • 52013 Aachen
Telefon: 02407 / 95 96 - 0 • Telefax: 02407 / 95 96 - 9
Internet: www.shaker.de • eMail: info@shaker.de

Meinen Eltern

und meiner Großmutter Liesbeth

Danke

Mein Dank gilt in erster Linie Herrn Prof. Dr. W. Hussy und Herrn Prof. Dr. E. Stephan, die immer für mich ansprechbar waren und durch zahlreiche Anregungen zum Gelingen der Arbeit beigetragen haben.

Ferner möchte ich mich bei den Projektmitarbeitern des VEBIS-Teams bedanken, die die Arbeit von Beginn an unterstützt und begleitet haben. Die konstruktiven Diskussionen und der Gedankenaustausch mit Herrn Dipl. Psych. Klaus Hering und Herrn Dipl. Psych. Wilfried Follmann waren eine wertvolle Unterstützung. Auch den Arbeitskollegen, Herrn Dipl.-Psych. Gerhard Mutz und Herrn Dipl.-Psych. Ralf Spieß, danke ich für die Anpassung der Software an die vorliegende Fragestellung und die schnelle Behebung technischer Probleme bei der Datenerhebung.

Außerdem bedanke ich mich bei Frau Claudia Thiel und Herrn Gerhard Friedrich für konstruktive Anregungen und ihre Unterstützung.

Auch den Versuchsteilnehmern sei an dieser Stelle gedankt für ihre interessierte und geduldige Teilnahme an der Untersuchung.

Einleitung   1

TEIL I: THEORETISCHER HINTERGRUND   3

Teil III: Ergebnisse und Interpretation 81

Abb.	Abbildung
Aufl.	Auflage
BASt	Bundesanstalt für Straßenwesen
Bd.	Band
bpm	beats per minute
Bsp.	Beispiel
bzw.	beziehungsweise
cm³	Kubikzentimeter
d.h.	das heißt
EMG	Elektromyographie
EKG	Elektrokardiogramm
EOG	Elektrookulographie
et al.	et alii
etc.	et cetera
EZ	Erstzulassung
FAA	Fragebogens zur Arbeitsanalyse
FAT	Forschungsvereinigung Automobiltechnik e.V.
FVF	Flimmerverschmelzungsfrequenz
Hrsg.	Herausgeber
Kap.	Kapitel
K-VEBIS	Kölner Verfahren zur vergleichenden Erfassung der kognitiven Belastung im Straßenverkehr
kW	Kilowatt
MEKIV	Rahmenmodell zur elementaren und komplexen menschlichen Informationsverarbeitung
NAC-IV	Eye-Mark-Recorder
NaHa-Index	Nebenaufgabe-Hauptaufgabe-Index
nbrfa	normierte Anzahl der falschen Bremsreaktionen
ndasch	normierte Dauer der Geschwindigkeitsüberschreitung
ngemw	normierte mittlere Fahrgeschwindigkeit
nldevg	normierte laterale Abweichung von der Straßenmitte
nrzri	normierte Entscheidungszeit bis zu einer richtigen Antwort
o.V.	ohne Verfasser
S.	Seite
SPSS	Statistical Package for the Social Sciences
Tab.	Tabelle
u.a.	unter anderem
vgl.	vergleiche
z.B.	zum Beispiel

Einleitung

Die vorliegende Arbeit entstand im Rahmen eines Forschungsprojekts am Psychologischen Institut der Universität zu Köln, welches im Auftrag der Forschungsvereinigung Automobiltechnik e.v. (FAT) und der Bundesanstalt für Straßenwesen (BASt) durchgeführt wurde. Die integrierte Projektgruppe K-VEBIS (Kölner Verfahren zur vergleichenden Erfassung der kognitiven Belastung im Straßenverkehr) beschäftigt sich unter Leitung von Prof. Dr. E. STEPHAN und Prof. Dr. W. HUSSY mit der Entwicklung einer Untersuchungsmethode zur Beanspruchungsmessung von Kraftfahrern im Laborexperiment und unter realen Bedingungen im Straßenverkehr. Das entwickelte psychologische Instrument dient der Bewertung verschiedener Mensch-Maschine-Schnittstellen bei der Kraftfahrzeugnutzung.

Der komplexe Versuchsaufbau des VEBIS-Verfahrens beinhaltet neben der Erfassung der mentalen, physiologischen und subjektiv eingeschätzten Fahrerbeanspruchung auch biographische und persönlichkeitsbezogene Informationen, die mittels Fragebögen erhoben werden. Einen umfassenden Überblick über den vollständigen Versuchsaufbau und eine Darstellung der wichtigsten Forschungsergebnisse ist in dem Projektbericht von STEPHAN, HUSSY, FOLLMANN, HERING & THIEL (1999) dokumentiert.

Schwerpunkt dieser Dissertation ist die gültige Beanspruchungsmessung im Labor- und Feldversuch. Unterschiedliche Belastungen sollen nicht nur anhand physiologischer, mentaler und subjektiver Beanspruchungsindikatoren beschrieben werden, sondern darüber hinaus die Prädiktion der mentalen Beanspruchung im Straßenverkehr auf Grundlage der im Labor erfaßten mentalen Leistungen ermöglichen. Das im Laborversuch ermittelte Leistungsniveau bildet dabei die Grundlage für die Prädiktion der zu erwartenden mentalen Beanspruchung im Feldversuch. Die Kontrolle des Untersuchungsverhaltens der Probanden ermöglicht die Differenzierung von Probandengruppen, die sich instruktionsgerecht bzw. abweichend von der Untersuchungsinstruktion verhalten haben. Auf Basis dieser Daten werden die Prädiktionsmaße für unterschiedliche Gruppen von Versuchspersonen bestimmt und verglichen.

Die vorliegende Arbeit besteht aus drei Teilen: Im ersten theoretischen Teil werden verschiedene wissenschaftliche Forschungsansätze vorgestellt, die sich mit vergleichbaren Fragestellungen befassen, dabei wird auf die Erfahrungen, die für einzelne Untersuchungsparameter vorliegen, eingegangen. Während sich der zweite Teil mit der Versuchsplanung und der angewandten Untersuchungsmethode befaßt, werden im letzten

Teil der Dissertation die Untersuchungsergebnisse dargestellt und vor dem Hintergrund der theoretischen Befundlage diskutiert.

TEIL I: THEORETISCHER HINTERGRUND

1 Theoretische Grundlagen der Beanspruchungsforschung

Mit der Beanspruchungsmessung wird innerhalb der Verkehrspsychologie das Ziel verfolgt, potentielle Unfallquellen zu identifizieren, die aus einer Fehlbeanspruchung der Verkehrsteilnehmer resultieren können. Zu diesem Zweck wird häufig der Einfluß äußerer Gegebenheiten (z.B. der Ausbau einer Straße) auf das damit verbundene Fahrerverhalten untersucht, wobei die Beanspruchung des Fahrers als moderierende oder intervenierende Variable fungiert. In welchem Maße Verkehrssituationen als beanspruchend erlebt werden, hängt stark mit der Komplexität der Situation, d.h. den äußeren Umständen zusammen, wird aber auch durch die Persönlichkeit des Beteiligten, seine Fähigkeiten und Erfahrungen beeinflußt. Die Vielzahl von Variablen, die das Erleben von mentaler oder emotionaler Beanspruchung determinieren, und die schwer quantifizierbaren Zusammenhänge zwischen situativen Begebenheiten und psychischer Leistungsfähigkeit erschweren die Beurteilung und Ermittlung von Beanspruchungsindikatoren. Das Konstrukt der Fahrerbeanspruchung wird in der verkehrspsychologischen Forschung anhand unterschiedlicher Parameter, wie beispielsweise physiologischen Maßen, mentalen Beanspruchungsindikatoren oder auch der subjektiven Einschätzung der beteiligten Person bestimmt. Problematisch ist dabei, daß die Wahl des Beanspruchungsparameters maßgeblichen Einfluß auf das Untersuchungsergebnis hat.

1.1 Begriffsbestimmung

Hinsichtlich der Definition des Beanspruchungsbegriffs liegt bisher kein einheitliches Verständnis vor. Dies ist zum einen darin begründet, daß die Komplexität der Verkehrssituationen und die Reizflut, mit der ein Kraftfahrer im Straßenverkehr konfrontiert wird, die Definition von quantifizierbaren Einflußgrößen der Fahrerbeanspruchung erschwert. Aber auch der Zusammenhang zwischen Belastung und der daraus resultierenden individuellen Beanspruchung konnte bisher nicht eindeutig geklärt werden. Hier wird von einer Vielzahl von moderierenden Variablen ausgegangen, deren vollständige Kontrolle sich als schwierig erweist.

ROHMERT (1984) unterscheidet in einem vereinfachten Belastungs-Beanspruchungskonzept die Ursachen und Wirkungen von Belastungen. Während er die Ursachen mit dem Begriff der Belastung beschreibt, belegt er für die daraus resultierende Wirkung den Begriff der Beanspruchung. Beanspruchungen werden dabei nicht als direkte Folge der Belastung gesehen, sondern werden durch individuelle Eigenschaften, Fähigkeiten und Bedürfnisse der beteiligten Person maßgeblich geprägt. Die Beanspruchung gibt an, wie objektiv identische Belastungen sich individuell unterschiedlich auswirken.

Abbildung 1. Zusammenhang von Belastung und Beanspruchung (in Anlehnung an ROHMERT, 1984).

Gleiche Belastungen können nach ROHMERT (1984) nicht nur zu interindividuellen Beanspruchungsunterschieden führen, sondern auch intraindividuelle Unterschiede sind zu erwarten, wenn sich beispielsweise die Bedürfnislage der Person verändert. Nach SCHÖNPFLUG (1987) können daher nur Aussagen über eine mögliche Bewältigung einer Belastung getroffen werden, wenn die intellektuelle und physische Leistungsfähigkeit der betroffenen Person in Rechnung gestellt wird sowie wenn ihre Erfahrung und Motivation als mögliche intervenierende Variable Berücksichtigung findet.

HOYOS und KASTNER (1986) definieren die aus der Interaktion zwischen Fahrer und Fahrumwelt resultierende Beanspruchung wie folgt:

„Beanspruchung soll all jene Prozesse bezeichnen, die in der Person bei der Auseinandersetzung mit einer Aufgabe und den damit verbundenen Belastungen ablaufen. Wir sprechen daher von Belastungs-Beanspruchungs-Prozessen. Beanspruchung variiert dabei nach unserer Auffassung zwischen Unterforderung und Überforderung - beides in extremer Ausprägung Fehlbeanspruchungen." (S.10)

Bei dem Begriff der Beanspruchung gehen die Autoren von einer Ausschöpfung der psychophysischen Kapazität aus. Beanspruchung hängt demnach mit der eingesetzten Kapazität zusammen, die für die Aufgabenbearbeitung benötigt wird. Beanspruchung als Unterforderung kann eine Form von Deprivation bedeuten, während eine Überforderung sich in erlebtem Streß äußern kann. Auf der subjektiven Ebene der Beanspruchung sind nach KASTNER (1982) die erlebte Intensität, die zeitliche Dauer und die Kontrollierbarkeit der Belastung wichtige Merkmale zur Bestimmung der erlebten Beanspruchung.

Auch DE WAARD & BROOKHUIS (1991) gehen von einem Spektrum unterschiedlicher Einflußfaktoren der Fahrerbeanspruchung aus. Bei den Auswirkungen auf die Fahrleistung berücksichtigen sie u.a. den körperlichen Zustand des Fahrers, der durch äußere Faktoren wie Alkohol beeinflußt sein kann. Aber auch in einem zu geringen Aktivationsniveau sehen die Autoren eine potentielle Unfallgefahr.

"A decrement in driver's performance may result from different sources. First, degradation in personal well-being might influence performance, for instance by illness or sleep deprivation. External factors, such as alcohol or drug intake, can certainly be responsible for vast performance deterioration. Alcohol alone is perhaps the prime malefactor of all traffic accidents. Another important factor, resulting in, for instance, falling-asleep accidents, is driver underload. Underload is a time-related factor, leading to reduced arousal and inattention. (...) Finally, driver overload is a factor of concern in the field of accident causation." (S. 297)

Ausgehend von der u.a. von SCHANDRY (1989) beschriebenen Yerkes-Dodson-Regel, die einen umgekehrt u-förmigen Zusammenhang zwischen Aktivation und Leistungsfähigkeit beschreibt, gehen BROOKHUIS und DE WAARD (1993) von einem optimalen Leistungsniveau des Autofahrers bei einem mittleren Erregungsniveau aus.

1.2 Meßmethoden der Beanspruchungsforschung

Bei der Erfassung psychischer Beanspruchung werden innerhalb der Verkehrspsychologie unterschiedliche Meßmethoden eingesetzt, wobei aufgrund von Veränderungen in psychologischen oder physiologischen Prozessen auf unterschiedliche Ausprägungen des Aktivitätsniveaus geschlossen wird. Als objektive Meßgrößen der Fahrerbeanspruchung beschreiben KLIMMER & RUTENFRANZ (1989) die Fremdbeobachtung und den Vergleich von Leistungserfassungen vor und nach einer zu untersuchenden Tätigkeit, dessen Differenz ein Indikator für die Höhe der Beanspruchung durch die Tätigkeit darstellt.

Nach Meinung der Autoren des FAT-Berichts (o.V.,1978) kann keine streng monotone Beziehung zwischen dem Belastungsgrad und der resultierenden Beanspruchung angenommen werden, da die Adaptationsfähigkeit der Verkehrsteilnehmer mit berücksichtigt werden muß. Die Autoren schlagen daher ein multivariates Vorgehen zur Beanspruchungsmessung vor, bei dem unterschiedliche Indikatoren verglichen werden. Als Belastungsfaktoren, denen beim Führen eines Fahrzeugs eine entscheidende Rolle zukommt, werden sensorische Anforderungen (z.B. Ablesen des Tachometers), mentale Anforderungen (z.B. Treffen von Entscheidungen) und motorische Anforderungen (z.B. Fahrzeuglenkung) gesehen.

Ein Problem, das sich bei allen Verfahren zur Beanspruchungsmessung jedoch zeigt, ist die fehlende quantitative Bestimmung der zu messenden Belastung. KASTNER (1982) kritisiert an den Validierungsversuchen von Beanspruchungsindikatoren beim Kraftfahrer, daß zwar eine Fülle von Beanspruchungsparametern herangezogen wurden, diese aber nur unzureichend miteinander korrelieren und teilweise hohe Fehlervarianzen aufweisen. Diesen Umstand sieht er in der Tatsache begründet, daß häufig Trait-Konzepte zur Erklärung von Beanspruchung herangezogen werden und im wesentlichen objektive Reizgebenheiten im Mittelpunkt der Untersuchungen stehen. Ferner werden die Homogenität der Versuchspersonengruppe oft vernachlässigt und Persönlichkeitseigenschaften als Moderatorvariablen nicht in ausreichendem Maße kontrolliert.

Ein anderer Zugang zum Beanspruchungskonzept wurde bei Studien der Bundesanstalt für Straßenwesen (BASt) gewählt. Hierbei stehen weder ausschließlich Persönlichkeitseigenschaften der Verkehrsteilnehmer noch Situationsmerkmale im Zentrum der Forschung. Vielmehr wird eine transaktionale Sichtweise vertreten, bei der Beanspruchung als Ergebnis aus der Interaktion von situativen Verkehrsbedingungen und der beteiligten Person verstanden wird. Mit erheblichem Forschungsaufwand konzipierte die Bundesanstalt für Straßenwesen ein spezielles Fahrleistungsmeßfahrzeug (ECHTERHOFF, 1979). Mit diesem Fahrzeug können eine Vielzahl von Fahrzeugparametern erhoben werden (z.B. Geschwindigkeit, Brems- und Lenktätigkeit), über deren Ausprägungen auf den Grad der Fahrerbeanspruchung geschlossen wird. Darüber hinaus ermöglichen Videokameras Aufnahmen aus unterschiedlichen Blickwinkeln, die sowohl das Verhalten des Fahrers erfassen, als auch seine momentane Blickrichtung aufzeichnen. Zeitsynchron werden zusätzlich physiologische Parameter aufgezeichnet. Dieser Forschungsansatz stellt personenbezogene Beanspruchungsparameter in einen Zusammenhang mit objektiven Fahrzeugparametern. GSTALTER (1985) und HOYOS & KASTNER (1986) dokumentieren die Ergebnisse des 10-jährigen Forschungsprojekts der BASt, die zeigen, daß Unfälle vermehrt an Verkehrspunkten auftraten, bei denen eine große Diskrepanz zwischen objektiver und subjektiver Situationsauffassung bestand. Als objektives Belastungsmaß wurde die Qualität und Quantität der Information erfaßt. Dem gegenübergestellt wurde eine Auswertung der Videoaufzeichnungen hinsichtlich der Dimensionen „zeitliche Dauer", „Intensität" und „Kontrollierbarkeit".

In den folgenden Kapiteln werden die einzelnen Beanspruchungsindikatoren, die sich für die verkehrspsychologische Forschung als bedeutend erwiesen haben, erläutert und es wird auf ihre Operationalisierung in wissenschaftlichen Studien Bezug genommen.

2 Physiologische Beanspruchungsmessung in der Verkehrspsychologie

Physiologische Beanspruchung wird in der verkehrspsychologischen Forschung vielfach durch die Erfassung unterschiedlicher Biosignale bestimmt, die als Beanspruchungsindikatoren dienen. SCHÖNPFLUG (1987) geht davon aus, daß sich Anstrengung und emotionale Erregung in einer Steigerung der muskulären, vegetativen und zentralnervösen Aktivität niederschlagen. Dabei sind vor allem Veränderungen der Muskelspannung, der Herz-Kreislaufaktivität, der Atmung und der Hautleitfähigkeit zu erwarten.

Einen Überblick über Beanspruchungsindikatoren, die in der verkehrspsychologischen Forschung vermehrt Verwendung finden, liefert KÜTING (1977). Als übliche Beanspruchungsparameter nennt er die Herzschlagfrequenz und Herzfrequenzvariabilität, den Blutdruck, respiratorische Indikatoren wie die Atemfrequenz, den elektrischen Hautwiderstand (EDA), das Elektroencephalogramm (EEG), die Elektromyographie (EMG) sowie biochemische Blut- und Urinveränderungen. Die Vielfalt der physiologischen Beanspruchungsmaße und der Umstand, daß sich physiologische Beanspruchungsparameter in Belastungssituationen nicht unbedingt in übereinstimmender Weise verändern, machen die Schwierigkeit deutlich, Beanspruchung adäquat und zuverlässig abzubilden. KÜTING (1977) kommt zu dem Ergebnis, daß die unterschiedlichen Beanspruchungsindikatoren in Abhängigkeit von variierender Belastung nur geringe interindividuelle Korrelationen aufweisen. Eine Verringerung der Herzschlagfrequenz kann u.U. mit einer Zunahme eines weiteren Beanspruchungsindikators einhergehen, was ein für alle Belastungsfaktoren gültiges Beanspruchungskonzept in Frage stellt.

Um Beanspruchung zuverlässig abbilden zu können, schlagen KLIMMER & RUTENFRANZ (1989) eine Kombination unterschiedlicher Beanspruchungsindikatoren vor, wobei die Beeinträchtigung der Versuchspersonen durch die technische Meßapparatur möglichst gering gehalten werden sollte. Dabei müssen die ausgewählten Parameter über eine hinreichende Sensibilität verfügen, um auch minimale Veränderungen zuverlässig abbilden zu können, was eine kontinuierliche Erhebung der Meßgrößen voraussetzt.

2.1   Die Herzschlagfrequenz

Das zentrale Organ des Kreislaufsystems ist der Herzmuskel, der das Blut durch den Kreislauf pumpt. Bei durchschnittlich gut trainierten Menschen gehen vom Sinusknoten 60-80 Impulse pro Minute (beats per minute) aus.

Bei der Ableitung des Elektrokardiogramms (EKG) gibt es verschiedene Methoden, die sich in der Plazierung und Anzahl der Meßelektroden unterscheiden. Eine häufig verwandte Methode zur Messung der Herzschlagfrequenz ist die Eindhoven-Ableitung-I, bei der zwei Meßelektroden an der Brustwand und eine weitere seitlich am Thorax appliziert werden. Die Pulsfrequenz wird über die R-Zacken der Herzschläge im EKG ermittelt. Bei der Herzschlagfrequenz handelt es sich um den Minutenmittelwert des Herzschlages. Zunehmende Beanspruchung schlägt sich in einer Steigerung der Herzschlagfrequenz nieder. Die Eindimensionalität dieses Beanspruchungsmaßes ermöglicht eine einfache Datenauswertung und Interpretation der Herzschlagfrequenz.

Nach KÜTING (1977) erlaubt die Herzschlagfrequenz eine Diskriminierung von Fahrten im Stadtverkehr und auf verkehrsarmen Landstraßen. Weiter lassen sich anhand dieses Beanspruchungsindikators Fahrten auf Stadtautobahnen von Fahrten in Wohngebieten oder in Einkaufsvierteln unterscheiden.

FELNÉMETI & BOON-HECKL (1985) untersuchten die Beanspruchung von Busfahrern, wozu sie u.a. die Pulsfrequenz der Probanden erfaßten. Die Pulsfrequenz wurde mit einem Pulsmeter, das mit einem Clip am Ohrläppchen befestigt wurde, erhoben. Die Datenübertragung geschah drahtlos über einen Sender, was den Einsatz bei der Felduntersuchung erheblich erleichterte. Der Puls wurde nach dem Prinzip der Plethysmographie erhoben, wobei die mit dem Puls in Zusammenhang stehende Differenz der Lichtdurchlässigkeit des Ohrläppchens als Veränderung des Photozellenstromes erfaßt wurde. Anhand dieses Beanspruchungsindikators konnten die Autoren Buslinien spezifische Beanspruchungsunterschiede bei den Fahrern erkennen.

Auch FÄRBER (1987) setzte die Herzrate als physiologischen Beanspruchungsparameter zur Untersuchung des Einflusses von Sprachausgaben auf die Fahrleistung ein. Eine zusätzliche Beanspruchung durch sprachgesteuerte Informationsvermittlung konnte er in seiner Felduntersuchung nicht feststellen.

Einen Nachteil für die Verwendung der Herzschlagfrequenz als Beanspruchungsmaß sehen KLIMMER und RUTENFRANZ (1989) darin, daß dieses Maß durch körperliche Aktivitäten, psycho-mentale Anforderungen und durch Umgebungsfaktoren wie Hitze etc. beeinflußt wird. Die Dateninterpretation kann sich daher als schwierig erweisen, wenn mehr als eine Beanspruchungsdimension zeitgleich angesprochen wird. Gerade die geistige Beanspruchung kann schnell überlagert werden, da die körperliche Aktivität einen stärkeren Effekt auf die Herzschlagfrequenz ausübt, als psycho-mentale Anforderungen. Die Konstanthaltung der äußeren Bedingungen ist daher eine wesentliche Voraussetzung für die Verwendung dieses Beanspruchungsmaßes. Gerade in Felduntersuchungen ist aber die Kontrolle der Umweltfaktoren schwierig. Das Protokollieren der äußeren Bedingungen während der Versuchsdurchführung kann daher die Dateninterpretation erleichtern. JAIN (1995) kam bei ihrer ambulanten kardiovaskulären Beanspruchungsmessung zu dem Ergebnis, daß sich der Belastungsgehalt verschiedener Tage so stark unterscheidet, daß sich die Repräsentativität einzelner Meßtage kaum bestimmen läßt:

> „Falls sich die erfaßbare kardiovaskuläre Reaktivität unter Feldbedingungen durch stark unterschiedliche Belastungen von Tag zu Tag stark unterscheidet, könnte sogar das Paradox entstehen, daß eine einmalige Labormessung unter standardisierten Bedingungen die „dispositionelle, alltagsrelevante" Reaktivität einer bestimmten Person valider erfassen könnte als eine einmalige Feldmessung." (S. 171)

KÜTING (1977) weist darauf hin, daß die Herzrate als Beanspruchungsindikator nur träge reagiert und das Ausgangsniveau dementsprechend nur langsam wieder erreicht wird, was die Erfassung von kurzfristigen Beanspruchungsspitzen erschwert. Außerdem kann eine Steigerung der Herzschlagfrequenz bereits durch die Experimentalsituation selbst erfolgen. Bei einem Vergleich mit anderen Biosignalen kommt der Autor dennoch abschließend zu dem Ergebnis, daß die Herzrate für die verkehrspsychologische Forschung den aussagekräftigsten Beitrag leistet.

2.2 Die Herzschlagarrhythmie

Um kurzzeitige Veränderungen der Herztätigkeit feststellen zu können, bietet sich die Auswertung der Herzschlagarrhythmie an. Zur Bestimmung der Arrhythmie des Herzschlags werden die Zeitintervalle zwischen den einzelnen Herzschlägen im EKG ausgewertet. Durch die Betrachtung des Abstands der R-Zacken erhält man ein wesentlich feineres Maß für die emotionale oder physische Beanspruchung, als es bei der Herzschlagfrequenz der Fall ist (vgl. Kap. 2.1).

Mit zunehmender mentaler Beanspruchung nimmt die Arrhythmie des Herzschlags ab, während bei einer ausgeprägteren Arrhythmie von einer wenig beanspruchenden Situation ausgegangen wird. DE WAARD, JESSURUN, STEYVERS, RAGGATT & BROOKHUIS (1995) untersuchten die Wirkung von unterschiedlichen Straßenbelägen auf das gewählte Fahrtempo und die mentale Beanspruchung der Untersuchungsteilnehmer. Bei einem Straßenbelag, der bei erhöhter Geschwindigkeit zu unangenehmen Geräuschen und unangenehmen haptischen Fahrzeugveränderungen führte, nahmen die Autoren eine vermehrte mentale Beanspruchung an, die sich u.a. in einer verminderten Herzschlagvariabilität zeigen sollte. Auf dem präparierten Straßenbelag konnte, den Annahmen entsprechend, eine geringere Herzschlagarrhythmie festgestellt werden, als bei einem normalen glatten Straßenbelag. Anhand der Herzschlagfrequenz gelang eine vergleichbare Beanspruchungsdifferenzierung nicht. Demgegenüber kamen BROOKHUIS & DE WAARD (1993) zu dem Ergebnis, daß die Herzschlagarrhythmie und die Herzrate im gleichem Maße geeignet sind, mentale Beanspruchung abzubilden.

2.3 Die elektrodermale Aktivität

Die elektrodermale Aktivität (EDA), die auch als galvanische Hautreaktion (galvanic skin reaction, GSR) bezeichnet wird, wird über Elektroden an Hautstellen abgeleitet, an denen besonders viele Schweißdrüsen angesiedelt sind. Typische Ableitungsorte sind die Handflächen, die Fußsohlen oder die Finger. Als wesentliche Bestimmungsgröße wird nach FRIELING & SONNTAG (1987) die Aktivität der Schweißdrüsenkanalmembran gesehen. Bei zunehmender Beanspruchung wird von einem abnehmenden Hautwiderstand ausgegangen. KÜTING (1977) kommt zu dem Ergebnis, daß sich im Gegensatz zur Herzschlagfrequenz mit der EDA als Beanspruchungsindikator auch kurzfristige Belastungen abbilden lassen.

Nach SCHANDRY (1989) variiert die elektrodermale Aktivität u.a. im Zusammenhang mit mentaler Aktivität, tiefem Atemholen und der Einwirkung von Streßreizen. Bei der Verwendung der EDA als mentalem Beanspruchungsparameter sollten daher Körpertemperatur, Luftfeuchtigkeit und mögliche Bewegungsartefakte der Untersuchungsteilnehmer kontrolliert werden.

2.4   Biochemische Faktoren

Als biochemischer Beanspruchungsindikator kann beispielsweise die Adrenalin- oder Noradrenalinkonzentration im Urin bestimmt werden. Nach JÄNIG (1987) werden diese adrenergen Substanzen vor allem freigesetzt, wenn der Organismus stark beansprucht wird. Dieser Prozeß hat eine schnellere Bereitstellung von Brennstoffen zur Folge.

Während sich kurzzeitige Veränderungen der erlebten Beanspruchung durch die Herzschlagfrequenz oder die Herzschlagarrhythmie abbilden lassen, sind die genannten biochemischen Maße nur für die Erfassung von länger andauernden Belastungen geeignet. Bei verkehrspsychologischen Fragestellungen kommen diese Beanspruchungsindikatoren daher nur in Betracht, wenn beispielsweise Beanspruchungen bei Langstreckenfahrten bestimmt werden. ROHMERT, BREUER & BRUDER (1994b) sehen die Methode der Katecholaminbestimmung im Urin aus Gründen der Zumutbarkeit für die Probanden und aus ökonomischen Gesichtspunkten für den praktischen Forschungseinsatz allerdings als weniger geeignet an.

2.5   Flimmerverschmelzungsfrequenz

Bei der Flimmerverschmelzungsfrequenz (FVF) als Beanspruchungsindikator wird postuliert, daß das Flimmern einer Lichtquelle mit zunehmender Beanspruchung nicht mehr wahrgenommen wird. Bei zunehmender Ermüdung liegt der Flimmerverschmelzungspunkt bei einer niedrigeren Frequenz als im ausgeruhten Zustand. Mit Hilfe einer stroboskopisch schnell aufleuchtenden Lampe wird gemessen, ab welcher Flimmerfrequenz das Flackern nicht mehr als solches erkannt wird. Hierzu wird die Flimmerfrequenz systematisch variiert. Nach FRIELING & SONNTAG (1987) besteht bei diesem Beanspruchungsparameter eine gute Übereinstimmung mit der subjektiv eingeschätzten Ermüdung. Außerdem kann die gemessene Fähigkeit nicht durch Training optimiert werden. FELNÉMETI & BOON-HECKL

(1985) untersuchten mit Hilfe dieses Maßes die Ermüdung von Busfahrern bei unterschiedlichen Buslinien, für die unterschiedliche Beanspruchungen angenommen wurden. Anhand der Flimmerverschmelzungsfrequenz konnten sie die Ermüdung, die aus den unterschiedlichen Fahrtstrecken resultierte, tendenziell abbilden. Gute Übereinstimmungen stellten sie zwischen den Beanspruchungsmaßen der Puls- und der Flimmerverschmelzungsfrequenz fest.

2.6 Blickregistrierung und periphere visuelle Wahrnehmung

Die Autoren des FAT-Projekts (o.V.,1978) stellten das Blickverhalten des Autofahrers in den Mittelpunkt ihrer Untersuchung. Um Aussagen über den Grad der kognitiven Auslastung der Fahrer bei visueller versus auditiver Informationsauslastung treffen zu können, wurde die periphere Sehleistung als Beanspruchungsindikator erhoben. Hierzu setzten die Autoren ein eigens zu diesem Zweck entwickeltes Meßinstrument ein. Mit Hilfe einer speziellen Meßbrille wurden periphere Lichtreize dargeboten, deren Detektionsrate erfaßt wurde. Bei dieser Methode wird davon ausgegangen, daß das nutzbare Sehfeld bei starker Informationsbelastung oder in Situationen, die als gefährlich empfunden werden, zusammenschrumpft, und dementsprechend nur weniger peripher dargebotene Reize wahrgenommen werden. COHEN (1987) übt Kritik an dem vorgestellten Verfahren, da seiner Ansicht nach vorwiegend die Kopfbewegung der Probanden, nicht aber die Blickzuwendung erfaßt wird.

COHEN (1985) selbst hat zur Bestimmung des peripheren Gesichtsfelds den NAC-IV (Eye-Mark-Recorder) genutzt, mit dem die Fixationszeiten und die Amplituden der Sakkaden[1] von Blickbewegungen gemessen werden. Mit dieser Meßapparatur ließen sich routinierte und ungeübte Kraftfahrer in beanspruchenden Verkehrssituationen hinsichtlich ihres Blickverhaltens differenzieren. Erfahrene Autofahrer blickten in unübersichtlichen Kurven vermehrt in die Ferne, während ungeübte Probanden mehr den Straßenrand fixierten und weniger antizipatorisches Blickverhalten zeigten. In wenig beanspruchenden Untersuchungssituationen ergaben sich keine signifikanten Unterschiede. Der Autor geht davon aus, daß sich der Einfluß der Fahrpraxis nur im Zusammenhang mit starken Beanspruchungen im Blickverhalten manifestiert. In dieser Untersuchung ergaben sich allerdings auch signifikante Unterschiede innerhalb der Versuchspersonenstichprobe, die hin-

---

[1] Sakkade: sprunghafte Augenbewegung von einem Fixationspunkt zum anderen.

sichtlich ihrer Fahrerfahrung derselben Gruppe angehörten, was als Schwachpunkt der Untersuchung gesehen werden muß.

Ein alternatives Verfahren zur Blickregistrierung ist die Aufzeichnung der Aktivität des Augenmuskels mit Hilfe des elektro-okulometrischen Verfahrens (EOG). Dieses Meßinstrument wurde u.a. von FÄRBER & FÄRBER (1988) eingesetzt, um die Blickzuwendung bei analogen versus digitalen Anzeigendisplays zu untersuchen.

3   Mentale Beanspruchungsmessung in der Verkehrspsychologie

Die mentale Beanspruchungsmessung stellt einen Forschungsschwerpunkt der Verkehrspsychologie dar. Der Fokus liegt dabei meistens auf Fragestellungen, die die Verkehrssicherheit betreffen. Es gilt, potentielle Gefahrenquellen, die aus einer mentalen Fehlbeanspruchung von Verkehrsteilnehmern resultieren, zu identifizieren. HOYOS (1988) weist darauf hin, daß es durch die Kombination von unterschiedlichen Aufgaben, deren alleinige Ausführung dem Fahrzeugführer durchaus vertraut ist, zu einer mentalen Überbeanspruchung kommen kann:

> „The greatest part of an average driver's time is probably spent executing routine driving tasks of limited complexity and intensity. Even so, driving under such conditions makes certain demands on the driver. The individual cognitive and motor tasks he must perform may not in themselves lead to stress, but the cumulative effect of executing these tasks can lead to overload." (S. 572)

Aber nicht nur die Kombination von verschiedenen Handlungsabläufen kann sich aufgrund der erhöhten Fahrerbeanspruchung als verkehrsgefährdend erweisen. BARTMANN (1995) hat sich in ihrer Untersuchung mit automatisierten Handlungsabläufen bei geübten und ungeübten Autofahrern befaßt und kommt zu dem Schluß, daß gerade Routinehandlungen eine implizite Gefahr für die Verkehrssicherheit darstellen. Automatisierte Handlungsabläufe können zwar einerseits zu einer verminderten kognitiven Beanspruchung führen, andererseits ist in potentiell gefährlichen Situationen ein Wechsel von einer automatischen zu einer bewußt kontrollierten Informationsverarbeitungsebene unerläßlich.

ANGERMANN (1987) sieht in der fortschreitenden technischen Automatisierung eine potentielle Gefahrenquelle, die aus einer übermäßigen Entlastung des Kraftfahrers und den damit einhergehenden Problemen der Monotonie resultieren kann. Mit der Integration moderner Informationssysteme in das Kraftfahrzeug wird das Ziel verbunden, den Fahrer bei der Ausführung seiner Aufgaben zu unterstützen und zu entlasten. Bei der Erprobung dieser Systeme ist eine zuverlässige Messung der mentalen Beanspruchung unbedingt erforderlich, damit die angestrebte Entlastung ebenso wie eventuelle zusätzliche Belastungen erkannt werden, die aus der Bedienung des Geräts erwachsen können.

3.1 Das Doppelaufgabenparadigma in der Beanspruchungsforschung

Bei der simultanen Ausführung unterschiedlicher Tätigkeiten ist häufig eine Leistungsverschlechterung bei mindestens einer Tätigkeit zu beobachten. Die menschliche Informationsverarbeitung unterliegt demnach einer Begrenzung aufgrund der zur Verfügung stehenden mentalen Kapazität, mit der unterschiedliche Aufgaben gleichzeitig korrekt ausgeführt werden können. Das Ausmaß der Leistungsverschlechterung ist dabei nicht bei allen Tätigkeitskombinationen gleich. Verschiedene simultan durchgeführte Tätigkeiten können in unterschiedlichem Maße miteinander interferieren. Dies geschieht in Abhängigkeit davon, welche sensorischen, mentalen und effektorischen Funktionen durch die Tätigkeit in Anspruch genommen werden. Die beobachteten Interferenzen werden innerhalb der kognitiven Psychologie anhand unterschiedlicher Modellvorstellungen der menschlichen Informationsverarbeitung kontrovers diskutiert. Eine umfassende Darstellung des derzeitigen Forschungsstands im Bereich der menschlichen Informationsverarbeitung leistet das Rahmenmodell zur elementaren und komplexen menschlichen Informationsverarbeitung von HUSSY (1998), das an dieser Stelle verkürzt wiedergegeben wird.

3.1.1 Das Rahmenmodell zur elementaren und komplexen menschlichen Informationsverarbeitung (MEKIV) von Hussy

In das von HUSSY (1998) postulierte System gehen Informationen aus der Umwelt in Form von physikalischen Reizen ein, die in neuronale Impulse umgewandelt werden. Die Schnittstellen für den notwendigen Informationsaustausch mit der Umwelt bilden die Sinnesorgane und die Motorik. Ein „motorischer Programmspeicher" beinhaltet eine unbegrenzte Anzahl erlernter und angeborener Bewegungsmuster, mit denen Bewegungsabläufe gesteuert werden. Basierend auf der Filtertheorie von BROADBENT (1958) nimmt HUSSY (1998) in seinem Rahmenmodell zur elementaren und komplexen menschlichen Informationsverarbeitung (MEKIV) eine begrenzte kognitive Verarbeitungskapazität des Arbeitsgedächtnisses an. Während BROADBENT von einer Informationsselektion zu einem frühen Zeitpunkt der Informationsverarbeitung ausgeht, handelt es sich bei HUSSY um ein „late selection model": Die gesamte Informationsfülle wird im MEKIV-Modell weiterverarbeitet, eine Selektion findet erst nach der vollständigen semantischen Identifikation der Information statt.

Im „sensorischen Register" wird die Information in einer sinneskanalspezifischen Struktur für eine begrenzte Zeit gespeichert. Im weiteren wird die Information mit den Inhalten aus dem Langzeitspeicher verglichen und gewinnt damit an Bedeutung. Während die Information im sensorischen Register mit fortschreitender Zeit verlorengeht, werden Informationen, die ins Langzeitgedächtnis gelangen, ein Leben lang gespeichert. Hier wird von einer unbegrenzten Kapazität ausgegangen.

Informationen, die aktiv im Gedächtnis repräsentiert sind, befinden sich im Arbeitsgedächtnis und im Kurzzeitspeicher. Hier kann ein begrenzter Umfang von Informationseinheiten mittelfristig repräsentiert sein. Aufgrund der begrenzten Kapazität des Arbeitsgedächtnisses ist ein Selektionsvorgang unumgänglich; d.h. nur ein Teil der Reizinformation kann in das Arbeitsgedächtnis gelangen. Diese Selektion wird durch den Prozeß der Aufmerksamkeitszuwendung gesteuert. Unter Aufmerksamkeit werden

> „jene Steuerungs- und Kontrollprozesse verstanden (...), die die Art und das Ausmaß der Nutzung der verfügbaren Verarbeitungskapazität der mittelfristigen Speichermedien regeln." (S. 81)

Als eine passive Form der Informationsselektion hat der Grad der Aktivierung Einfluß auf die Wahrscheinlichkeit des Transfers in das Arbeitsgedächtnis. Eine aktive Informationsselektion geschieht durch bewußte und unbewußte Erwartungen, die die Aufmerksamkeit steuern. Die verfügbare Verarbeitungskapazität ergibt sich aus der Steuerung und Kontrolle der passiven Kapazität des Kurzzeitspeichers und der aktiven Kapazität des Arbeitsspeichers. Erst wenn eine aktive Suche oder Aufnahme von Informationen stattfindet, kommt eine Informationsselektion durch Aufmerksamkeit zustande. Bei der kontrollierten Informationsverarbeitung wird von einer sequentiellen Verarbeitung ausgegangen, die im Gegensatz zu einer automatisierten parallelen Verarbeitung zeitintensiver ist. Zwischen kontrollierten und automatisierten Verarbeitungsprozessen besteht ein reibungsloser simultaner Ablauf. Aufgrund automatisierter Prozesse werden Umweltreize permanent verarbeitet und bereitgestellt. Aus diesem vielfältigen Angebot wird gezielt durch intentionale Kontroll- und Steuerungsprozesse die notwendige Information ausgewählt. Dies ist die Grundlage für interferenzfreie und parallele Informationsverarbeitung auf beiden Verarbeitungsebenen.

3.1.2 Theoretische Grundlagen des Doppelaufgabenparadigmas

Basierend auf der theoretischen Annahme einer begrenzten Informationsverarbeitungskapazität (vgl. Kap. 3.1) bietet sich die Durchführung von zwei unterschiedlichen Aufgaben zur Messung der mentalen Auslastung an.

Das Untersuchungsdesign der Doppelaufgaben hat in der Psychologie eine gewisse Tradition. Schon PAULI (1936) versuchte mittels Nebenaufgaben das Ausmaß der kognitiven Beanspruchung bei mehreren gleichzeitig ausgeführten Tätigkeiten zu ermitteln. Empirische Untersuchungen unter Einsatz von Doppeltätigkeiten zur Messung mentaler Beanspruchung gehen auf BORNEMANN (1942) zurück, der den Grad der „geistigen Ausgefülltheit" bestimmen wollte. BORNEMANN untersuchte geistige Tätigkeit anhand von Kopfrechenaufgaben. Neben diesen Aufgaben sollte die Person zusätzlich andere Tätigkeiten verrichten, so daß die Bearbeitung der zusätzlichen Aufgabe nur in dem Maße gelang, wie diese Tätigkeiten keine bewußte Aufmerksamkeit in Anspruch nahm. Aus den Leistungseinbußen der Nebentätigkeiten leitete BORNEMANN den Anteil der bewußten Aufmerksamkeit bzw. den Grad ihrer geistigen Beanspruchung ab. KÜTING (1976) hält die Nebenaufgabe besonders geeignet als Beanspruchungsindikator bei Hauptaufgaben, deren Handlungen weitestgehend fehlerfrei ausgeführt werden, was bei routinierten Autofahrern für die Fahrtätigkeit unter alltäglichen Bedingungen angenommen werden kann. Anhand der Leistungen in der Nebenaufgabe kann abgelesen werden, welche Beanspruchung durch die Ausführung dieser Handlungen entsteht.

ODGEN, LEVINE & EISNER (1979) haben eine 146 verkehrspsychologische Studien umfassende Literaturrecherche vorgelegt, in denen die Methode der Doppelaufgaben zur Erfassung, Messung oder Charakterisierung mentaler Auslastung gewählt wurde. Das grundlegende Untersuchungsvorgehen wird von den Autoren wie folgt beschrieben:

> „The prototypical model for the use of the secondary-task technique as a measure of workload is relatively simple. Basically, one task or situation is said to result in a heavier workload than another when an operator can do less „extra" work or has less „spare time on that task."" (S. 530)

Um die Informationskapazität bei der Ausführung zweier gleichzeitig ablaufender Tätigkeiten messen zu können, müssen die Probanden durch die Instruktion zur vorrangigen Bearbeitung einer der beiden Aufgaben motiviert werden. Die Aufgabe, auf die der Bearbeitungsschwerpunkt gelegt wird, bezeichnet man als Hauptaufgabe. Die simultan durchgeführte weitere Aufgabe, die Nebenaufgabe, wird als Beanspruchungsindikator der Hauptaufgabe verstanden. Die verbleibende „freie" Kapazität, die nicht für die Ausführung der Hauptaufgabe genutzt wird, bezeichnet Brown (1965) als „spare capacity" bzw. Restverarbeitungskapazität.

Mit steigendem Schwierigkeitsgrad der Hauptaufgabe wird eine Abnahme der kognitiven Restverarbeitungskapazität angenommen, die für die Ausführung der Nebenaufgabe zur Verfügung steht. Bei einer hohen Aufgabenanforderung in der Hauptaufgabe kann nahezu die gesamte Informationsverarbeitungskapazität für die fehlerfreie Bearbeitung der Hauptaufgabe benötigt werden, was sich in Leistungseinbußen in der Nebenaufgabe äußert. Erst wenn die Anforderungen der Hauptaufgabe die gesamte Informationskapazität des Arbeitsgedächtnisses übersteigt, sind bei instruktionsgemäßem Verhalten- auch Leistungseinbußen in der Hauptaufgabe zu erwarten.

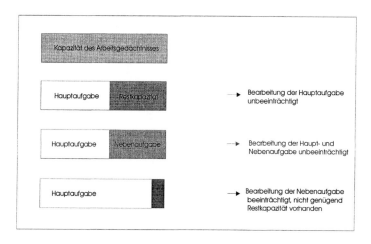

Abbildung 2   Informationsverarbeitungskapazität bei unterschiedlichem Anforderungsgehalt

Eine wichtige Voraussetzung für die experimentelle Umsetzung von Doppelaufgaben ist das instruktionsgemäße Verhalten der Probanden. Nur wenn die Untersuchungsteilnehmer die Bearbeitungspriorität zugunsten der Hauptaufgabe wählen, kann davon ausgegangen werden, daß die Leistungen in der Nebenaufgabe aus der verbleibenden Restverarbeitungskapazität resultieren. Bei nicht instruktionsgemäßem Verhalten können hingegen nur in eingeschränktem Maße Aussagen über die mentale Beanspruchung erfolgen.

3.2   Verkehrspsychologische Feld- oder Laborforschung?

Der realitätsnahen Erprobung im Feldversuch geht häufig eine erste Testphase im Labor voraus (FÄRBER, 1987; FAT-Forschungsbericht o.V., 1979). Dabei wird im Laborexperiment mit Hilfe von Simulationsprogrammen am Computer ein virtuelles Verkehrsszenario abgebildet. Dieses Vorgehen bietet sich insbesondere bei Fragestellungen der Kraftfahrzeugergonomie an, da die Bedienung einzelner Gerätekomponenten meist gut in die Fahrsimulation integrierbar ist. In einer anschließenden Felduntersuchung kann dabei die Gültigkeit der gewonnenen Laborergebnisse überprüft werden. Aber nicht für alle Fragestellungen ist eine vorgeschaltete Simulationsstudie sinnvoll. Vor allem wenn der Einfluß von unterschiedlichen Straßenbedingungen oder situationsspezifische Belastungen untersucht werden soll, bietet sich dieses Vorgehen weniger an, da diese Begebenheiten nur schwerlich realitätsnah simuliert werden können. Feldstudien sind nach BÖSSERs (1987) Auffassung insbesondere dann angeraten, wenn die Realität nur unzureichend nachgebildet werden kann, da bedeutsame Eigenschaften der realen Gegebenheiten nicht ausreichend bekannt sind.

3.2.1   Die Felduntersuchung

Felduntersuchungen werden von FRIELING & SONNTAG (1987) in folgender Weise definiert:

"Mit der Bezeichnung „Feld" ist, im Gegensatz zum „Labor" oder „Experiment", die konkrete Arbeitstätigkeit gemeint; d.h. der „Untersuchungsgegenstand" Mensch befindet sich in einer für ihn spezifischen und vertrauten Arbeitssituation. Seine Arbeitstätigkeit läßt sich nicht - wie bei Laboruntersuchungen – auf den Vollzug einer einzigen Handlung reduzieren. Als „Feld" kann der Betrieb, die Organisation, ein Fahrzeug oder eine wie auch immer geartete Arbeitssituation bezeichnet werden, (...)." (S. 43)

Feldversuche in der Verkehrspsychologie werden meist auf definierten Streckenabschnitten durchgeführt, was die Kontrollierbarkeit und Vergleichbarkeit der Untersuchungsbedingungen erleichtert. In einigen Experimenten werden aus Gründen der Verkehrssicherheit auch Streckenabschnitte gewählt, die anderen Verkehrsteilnehmern zum Untersuchungszeitpunkt unzugänglich sind (FÄRBER, 1987). Diese kontrollierten Feldstudien haben den Vorteil, daß definierte Fahrmanöver untersucht werden können, ohne daß Störeinflüsse durch andere Verkehrsteilnehmer zu erwarten sind.

Bei Felduntersuchungen wird im allgemeinen von einer ausgeprägten externen Validität der Ergebnisse ausgegangen, mit der die Generalisierbarkeit der Ergebnisse auf alltägliches Verkehrsverhalten sichergestellt werden soll. JAIN (1995) wirft vor dem Hintergrund die Frage auf, ob man bei Feldversuchen generell von einer hohen externe Validität ausgehen kann. Nach ihrer Ansicht muß der Umstand, daß sich die Probanden auch im Feldversuch in einer Untersuchungssituation befinden, die keinesfalls mit alltäglichen Situationen gleichgesetzt werden kann, berücksichtigt werden. Die Gültigkeit der Untersuchungsergebnisse hängt, nach Auffassung der Autorin, entscheidend vom Untersuchungsgegenstand und der Versuchsdurchführung ab.

Im Gegensatz zur alltäglichen Autofahrt befindet sich bei verkehrspsychologischen Felduntersuchungen meist ein Beobachter oder Versuchsleiter im Fahrzeug, das zudem oft nicht dem üblicherweise von der Versuchsperson genutzten Fahrzeugtyp entspricht. Außerdem werden häufig physiologische Meßgeräte am Probanden angebracht und technische Meßapparaturen innerhalb oder außerhalb des Fahrzeugs installiert. Allein diese äußeren Auffälligkeiten sollten daher bei der Versuchsplanung und der abschließenden Verallgemeinerung der Untersuchungsergebnisse Berücksichtigung finden. Felduntersuchungen sind im allgemeinen mit einem erheblichen Zeit- und Kostenaufwand verbunden. Außerdem unterliegt ihre Durchführung einer nur begrenzten Kontrollierbarkeit der situativen- und umweltbedingten Einflußfaktoren.

Im Gegensatz zu Laboruntersuchungen, in denen die Leistungsgüte der simulierten Fahraufgabe hinsichtlich definierter Kriterien bestimmbar ist, erweist sich die Beurteilung der Fahrleistung im Straßenverkehr als schwierig und wird in den meisten Studien vernachlässigt (vgl. BARTMANN 1995; FÄRBER & FÄRBER 1988; FÄRBER, 1987). Kriterien, die Aussagen über die Güte der Fahrleistung erlauben, lassen sich nur schwer identifizieren und gehen kaum über das Protokollieren von Fahrfehlern hinaus.

3.2.2 Das Laborexperiment

Die Simulation bietet die Möglichkeit, einzelne Aspekte des Fahrverhaltens isoliert ohne Störvariablen zu betrachten. Zudem können technische Veränderungen oder auch Anforderungen in einem Untersuchungsszenario überprüft werden, ohne daß daraus Gefährdungen erwachsen können. Die Autoren des FAT-Berichts (o.V. 1978) sehen im Einsatz von Laboruntersuchungen auch einen entscheidenden ökonomischen Vorteil:

> „Der große Vorteil von Laborexperimenten besteht darin, mit vertretbarem Aufwand differenzierte Fragestellungen untersuchen und statistische Signifi-

kanztests durchführen zu können, was bei Feldexperimenten wegen der Vielzahl ständig variierender Randbedingungen und wegen der Einschränkungen, die durch die Fahrsituation (Verkehrssicherheit, räumliche Enge im Fahrzeug) gegeben sind, nur mit großem Aufwand möglich ist." (S. 143)

Mit einem vergleichsweise geringen Arbeitsaufwand können äußere Bedingungen verändert werden, so daß beispielsweise der Einfluß unterschiedlicher Straßenführungen oder Beschilderungen untersucht werden kann. Ein weiterer Vorteil bei der Durchführung von Laborexperimenten liegt in der Konstanthaltung von äußeren Randbedingungen (Straßenzustand, Witterungsverhältnisse, etc.), deren Kontrolle sich im Feldversuch als problematisch erweist. Zudem besteht die Möglichkeit, äußere Umgebungsfaktoren künstlich zu erzeugen und ihre Auswirkungen isoliert zu betrachten. ROHMERT, KAISER, BREUER & HEISING (1994a) untersuchten beispielsweise in einer Fahrsimulation motivationsbedingte Einflüsse unter unterschiedlichen klimatischen Bedingungen.

Ein großer Vorteil von Simulationsstudien liegt für die verkehrspsychologische Forschung in dem nicht vorhandenen Unfallrisiko. Bei dem Einsatz von Doppelaufgaben kann diese Diskrepanz zwischen Labor- und Feldversuch allerdings zu einer eingeschränkten Vergleichbarkeit von Verhaltensweisen am Fahrsimulator und im Straßenverkehr führen. Während die fehlerfreie Ausführung der Fahraufgabe im Feldversuch durch die angestrebte Unfallvermeidung unterstützt wird, besteht im Laborexperiment kein vergleichbares Risiko. Instruktionsgerechtes Verhalten der Probanden kann nur durch die Untersuchungsinstruktion provoziert werden.

Meist werden aus Kostengründen statische Simulatoren eingesetzt, bei denen neben der visuellen Wahrnehmung keine zusätzlichen Bewegungsinformationen über das otolithische und vestibuläre System oder das haptische System erfaßt werden können, was die externe Validität der Untersuchungsergebnisse einschränkt. Eine mangelnde Vergleichbarkeit mit den realen Verhältnissen kann im Laborexperiment auch aus der isolierten Betrachtung einzelner Untersuchungsaspekte resultieren. Diese Komplexitätsreduktion stimmt nicht mit den tatsächlichen Gegebenheiten im Straßenverkehr überein. Hier wird der Untersuchungsteilnehmer mit einer Vielzahl verschiedener Reize konfrontiert, die in den unterschiedlichsten Kombinationen auftreten und seine Entscheidungen und sein Verhalten beeinflussen.

Nach FÄRBER (1987) ist noch nicht ausreichend untersucht, welche Information der Fahrzeugführer für die Ausführung der Fahrtätigkeit unbedingt benötigt und wie genau die Informationsdarstellung in der Simulation demzufolge an die Realität angepaßt sein muß.

Aufgrund seiner Untersuchungsergebnisse kommt der Autor zu dem Schluß, daß die Realitätsnähe der Untersuchungssituation das Verhalten der Untersuchungsteilnehmer entscheidend beeinflußt. Bei einem Vergleich von zwei Laboruntersuchungen stellte er fest, daß eine abstrakte Aufgabenstellung zu stärkeren Leistungseinbußen in der Trackingaufgabe führte, als dies bei einer Fahrsimulation mit einer realistischeren visuellen Abbildung der Fall war.

3.2.3 Bestimmung der mentalen Informationskapazität in verkehrspsychologischen Laboruntersuchungen

In verkehrspsychologischen Laborstudien werden meist Fahrsimulatoren eingesetzt, mit denen bestimmte Verhaltensweisen des realen Straßenverkehrs imitiert werden. In Abhängigkeit von der zugrunde gelegten Fragestellung bleibt das simulierte Fahrszenario meist auf wenige Teilaspekte der Realität beschränkt.

Als Hauptaufgabe wird häufig eine Trackingaufgabe herangezogen, die aus einer Verfolgungs- oder Steuerungsbewegung besteht. Dabei wird oft ein simuliertes Fahrzeug dargestellt, das einem vorausfahrenden Fahrzeug folgen soll und dabei auf einer Fahrbahn zu lenken ist. Nach O'DONNELL & EGGEMEIER (1986) werden bei Trackingaufgaben motorische und mentale Anforderungen an den Probanden gestellt:

„These tasks employ visual stimulation and continuous manual response. Depending on the order of control dynamics, various degrees of central-processing and motor demands are involved in tracking performance." (S. 42-33)

Darüber hinaus wird die mentale Beanspruchungsmessung häufig durch die Erfassung physiologischer Beanspruchungsindikatoren oder durch die subjektive Einschätzungen der Probanden ergänzt.

Im folgenden werden einige Beanspruchungsparameter vorgestellt, deren Einsatz sich in der verkehrspsychologischen Laborforschung bewährt hat.

3.2.3.1 Die Detektion peripherer Lichtsignale als Beanspruchungsparameter

Die Autoren des FAT-Projekts (o.V., 1978) haben die Brauchbarkeit einer visuellen Detektionsaufgabe für die Bestimmung der kognitiven Beanspruchung im Feld- und Laborversuch untersucht. Die Probanden trugen während der Versuchsdurchführung eine spezielle

Meßbrille, mit der im peripheren visuellen Bereich Lichtreize dargeboten wurden. Auf diese peripheren Lichtsignale hatte eine Reaktion der Untersuchungsteilnehmer zu erfolgen. Anhand der Detektionsrate wurde in unterschiedlichen Untersuchungssituationen auf die Fähigkeit der Untersuchungsteilnehmer geschlossen, periphere Informationen aufzunehmen und zu verarbeiten, was als Beanspruchungsindikator galt (vgl. Kap. 2.6). In der eingesetzten Fahrsimulation waren Verkehrskreuzungen mit unterschiedlichen Belastungsniveaus und unterschiedlichen Sichtverhältnissen abgebildet. Die Probanden hatten dabei simulierte Knotenpunkte zu überqueren und Entscheidungen bezüglich der Geschwindigkeit und des Bremsverhaltens zu treffen. Eine weitere Aufgabe bestand darin, aufleuchtende Ziffernfolgen zu erkennen und durch Betätigung der entsprechenden Reaktionsknöpfe zu bestätigen. Dabei mußte die Reihenfolge, in der die Ziffern aufleuchteten, für einen kurzen Moment von den Probanden behalten werden. Der Schwierigkeitsgrad wurde durch die Anzahl der Ziffern pro Zeiteinheit variiert. Die Anforderung, mehrere Größen wie Längs- und Querbeschleunigung gleichzeitig zu kontrollieren und darauf zu reagieren, wurde im Laborexperiment durch den Einsatz von „manuellen Mehrfachregelaufgaben" nachempfunden. Unterschiedlich gestörte Regelstrecken waren gleichzeitig zu beachten und manuell zu regulieren. Auch diese Zusatzaufgabe variierte im Schwierigkeitsgrad. Die Autoren konnten dabei mit zunehmender Belastung der Untersuchungsbedingung eine deutliche Abnahme der visuellen Detektionsrate feststellen.

In der anschließenden Felduntersuchung wurde das entwickelte Meßinstrument auf die Einsatzmöglichkeiten im Straßenverkehr geprüft. Hierbei hatten die Probanden während der Fahrt in der ersten Untersuchungsbedingung Kopfrechenaufgaben zu lösen. In einer weiteren Bedingung sollte das Fahrzeug möglichst genau mit einer vorgegebenen Geschwindigkeit gefahren werden. Bei beiden zusätzlichen Anforderungen zeigte sich eine vermehrte Beanspruchung und eine dementsprechend verringerte Detektionsrate im Vergleich zur Fahrtbedingung ohne Zusatzaufgabe. Mit der Methode der Detektion peripherer Lichtreize zur mentalen Beanspruchungsmessung ließen sich in beiden Untersuchungsszenarien unterschiedliche Belastungsgrade differenzieren.

In einem weiteren FAT-Projekt (o.V., 1979) wurde das beschriebene Meßinstrumentarium eingesetzt, um die Auswirkungen von auditiver vs. visueller Informationsübertragung auf die mentale Beanspruchung zu ermitteln. Die Autoren sehen in dem entwickelten Instrument eine vielversprechende Möglichkeit für eine differenzierte Beanspruchungsmessung im Straßenverkehr.

Mit einer ähnlichen Methode, aber ohne den Einsatz einer Meßbrille, verglich FÄRBER (1987) die Auswirkungen von Sprachausgaben auf die Bewältigung einer komplexen

Fahraufgabe am Fahrsimulator und im realen Straßenverkehr. Der Autor wählte hierfür ein gestuftes Vorgehen: Zunächst wurde eine Fahrsimulation im Labor durchgeführt, daran anschließend fand eine eingeschränkte Felduntersuchung auf einem für andere Verkehrsteilnehmer unzugänglichen Straßenabschnitt statt und schließlich eine Felduntersuchung im realen Straßenverkehr.

Während einer komplexen simulierten Fahraufgabe wurden im peripheren Sehfeld visuelle Reize angezeigt, auf die möglichst schnell eine Reaktion zu erfolgen hatte. Zusätzlich sollten die Probanden einer Unterhaltung inhaltlich folgen und auf eine akustische Sprachausgabe reagieren. In Situationen mit zusätzlicher Sprachausgabe zeigten sich im Laborexperiment im Vergleich zu der Bedingung ohne zusätzliche Information Leistungseinbußen bei der Bearbeitung der Hauptaufgabe. Im Verlauf des Laborexperiments wurde eine Leistungsverbesserung festgestellt, was dafür spricht, daß die Untersuchungsteilnehmer im Versuchsverlauf zunehmend gelernt hatten, mit der komplexen Aufgabenstellung umzugehen.

FÄRBER (1987) geht davon aus, daß in der Fahrsimulation die sensorische und zentrale Reizverarbeitung der peripheren Reize durch die Darbietung der Sprachausgabe beeinträchtigt wurde. Der Einfluß der Sprachausgabe konnte in den folgenden Feldstudien allerdings nicht bestätigt werden. Hier war bei keiner abhängigen Variable eine Beeinflussung festzustellen. Der Autor führt die widersprüchlichen Ergebnisse maßgeblich auf die künstliche Untersuchungssituation im Labor zurück. Für das komplexe Informationsangebot in der Laboruntersuchung lagen keine geeigneten Verarbeitungsstrategien vor, weshalb die zusätzliche Sprachausgabe hier zu Leistungseinbußen führte.

3.2.3.2 Blickregistrierung zur ergonomischen Bewertung von Anzeigendisplays

Das Blickverhalten der Probanden wird vielfach herangezogen, um Aussagen über unterschiedliche Anzeigendisplays im Fahrzeug bzw. in der Fahrsimulation treffen zu können. Angestrebt ist hierbei, daß die Geräte eine möglichst kurze Blickdauer beanspruchen, in der alle relevanten Informationen abgelesen werden können und ihr Bedeutungsinhalt verstanden wird. Aus der Analyse des Blickverhaltens können Anforderungen an technische Geräte abgeleitet werden, deren Handhabung möglichst wenig Aufmerksamkeit von seiten des Fahrers erfordern sollte.

FÄRBER & FÄRBER (1988) untersuchten im Laborversuch das Blickverhalten der Versuchspersonen bei unterschiedlichen Anzeige- und Bedienelementen. Hierzu bildeten sie verschiedene Versionen von Fahrzeugdisplays in Echtzeitsimulation ab, während auf einer Leinwand ein Film mit Szenen aus dem realen Straßenverkehr gezeigt wurde, bei dem die Kamera einem vorausfahrenden Fahrzeug folgte. Die Probanden hatten die Aufgabe, die Geschwindigkeit dem vorausfahrenden Fahrzeug anzupassen und das simulierte Fahrzeug entsprechend zu lenken. Wenn bei dem vorausfahrenden Fahrzeug die Bremslichter aufleuchteten, sollte ebenfalls eine Bremsreaktion erfolgen. Außerdem war der Blinker zu betätigen, wenn das Leitfahrzeug einen Richtungswechsel anzeigte. Als Nebenaufgabe hatten die Untersuchungsteilnehmer verschiedene Einschätzungen, beispielsweise der gefahrenen Geschwindigkeit, abzugeben. Zur Lösung der gestellten Aufgaben mußten Informationen von den Displays abgelesen werden. Ausgewertet wurde hierbei die Richtigkeit und die Reaktionszeit der Antwort. Als eine weitere abhängige Variable wurde das Elektrookulogramm (EOG) der Versuchspersonen ausgewertet (vgl. Kap. 2.6).

Als Ergebnis ergaben sich hinsichtlich digitaler und analoger Tachodisplays keine signifikanten Unterschiede bezogen auf die Reaktionszeiten in der Nebenaufgabe oder den Leistungen in der simulierten Fahrtätigkeit. Die EOG-Messung zeigte, daß die Probanden signifikant häufiger auf die digitale Geschwindigkeitsanzeige blickten, die Blickdauer jedoch kürzer war, als bei der analogen Darstellungsform. Mit der Richtigkeit der Antwortreaktionen konnten zwei von drei Displays signifikant differenziert werden. Hinsichtlich der von den Autoren gewählten Nebenaufgabe stellt sich allerdings die Frage, ob dieses Untersuchungsinstrument sensibel genug ist, auch kurzfristige und geringe Veränderungen der kognitiven Beanspruchung differenziert abbilden zu können.

Die Überlegenheit analoger Tachodisplays gegenüber der digitalen Darstellungsform konnte WALTER (1989) in einer Feldstudie ebenfalls belegen. Die Blickbewegungen der Versuchspersonen erfaßte er allerdings nicht mit dem EOG, sondern diese wurden mit Hilfe von Spiegeln vom Versuchsleiter beobachtet und registriert. Die Länge der Blickzuwendungen blieb bei dieser Methode unberücksichtigt. Ein weiterer Nachteil der gewählten Untersuchungsmethode bestand darin, daß nur kurze, definierte Untersuchungsabschnitte systematisch aufgezeichnet wurden.

Anhand der Augenbewegungen bei der Fahrsimulation versuchten SCHROIFF & MÖHLER (1986) Straßenbedingungen zu identifizieren, die im Zusammenhang mit einer Geschwindigkeitsregulierung stehen. Die Untersuchungsteilnehmer konnten in unterschiedlich simulierten Verkehrsszenarien die Fahrgeschwindigkeit mit Gaspedal und Bremse bestimmen. In Ortschaften nahmen die Blickbewegungen zu, während das Fahrtempo abnahm. Aufgrund der Blickzuwendungen konnten die Autoren jedoch keine speziellen Straßenbedingungen oder Umgebungsfaktoren ausmachen, die mit der Geschwindigkeitsregulation im Zusammenhang standen.

3.2.3.3 Ein Vergleich unterschiedlicher Beanspruchungsmaße

Unterschiedliche Beanspruchungsindikatoren bei Fahrzeugführungsaufgaben wurden von PFENDLER (1982) hinsichtlich der klassischen Testgütekriterien Objektivität, Reliabilität und Validität verglichen. Als Nebenaufgabe diente eine Überwachungs- und Entscheidungsaufgabe: Wenn sich ein Zeiger in einen definierten kritischen Bereich bewegte, hatten die Untersuchungsteilnehmer einen Reaktionsknopf zu betätigen. Die Reliabilitätsbestimmung fand über eine Meßwiederholung statt. Neben kardiovaskulären Beanspruchungsparametern ließ er die subjektiv erlebte Beanspruchung auf einer siebenstufigen Skala einschätzen. Das Ergebnis zeigt, daß die subjektive Einschätzung am besten zwischen den unterschiedlichen Schwierigkeitsstufen der Fahraufgabe differenziert und zuverlässige Meßwerte aufweist.

Bei den aus dem EKG bestimmten physiologischen Beanspruchungsmaßen besteht eine hohe Reliabilität, die nach Aussage des Autors aufgrund der ausgeprägten interindividuellen Streuung der Werte zu erwarten war und daher nicht überbewertet werden sollte. Eine Differenzierung der Schwierigkeitsstufen war hingegen nur begrenzt möglich, weshalb der Autor die Brauchbarkeit des EKG-Maßes zur Beanspruchungsmessung bei Fahrzeugführungsaufgaben in Frage stellt.

Die Reliabilität der Nebenaufgabe bewertet PFENDLER als durchaus zufriedenstellend. Neben der Forderung, daß eine Nebenaufgabe die klassischen Testgütekriterien erfüllen soll, sieht er in der Unabhängigkeit von Haupt- und Nebenaufgabe ein weiteres wichtiges Kriterium für die Beurteilung von Nebenaufgaben. Bei einer zusätzlichen Nebenaufgabe zeigte sich in seiner Untersuchung eine Leistungsabnahme in der Hauptaufgabe, was für Aufgabeninterferenzen zwischen Haupt- und Nebenaufgaben spricht. Beim Einsatz von Nebenaufgaben im Straßenverkehr hält er diesen Zusammenhang allerdings für unbedenklich, da im Feldversuch die Aufgabenpriorität der Fahraufgabe deutlicher ist als im Laborexperiment.

3.2.4 Messung der mentalen Informationsverarbeitungskapazität in verkehrspsychologischen Feldstudien

Auch in verkehrspsychologischen Feldstudien werden Doppelaufgaben als mentale Beanspruchungsindikatoren eingesetzt. Bei einer nahezu fehlerfreien Bearbeitung der Hauptaufgabe - dem Autofahren – kann nach BROWN (1964) von einer kognitiven Restkapazität ausgegangen werden, die sich aus der Bearbeitungsleistung der Nebenaufgabe ableiten läßt.

Die Auswahl einer geeigneten Nebenaufgabe, die im Straßenverkehr ohne Unfallrisiko einsetzbar ist, ist dabei ein entscheidender Faktor für die erfolgreiche Untersuchung empirischer Fragestellungen. Innerhalb der Verkehrspsychologie wurden viele kreative Aufgabenstellungen entwickelt, mit denen die Bestimmung der mentalen Restverarbeitungskapazität mit unterschiedlichem Erfolg gelang.

Im Mittelpunkt der folgenden Ausführungen stehen weniger verkehrstechnische oder ergonomische Fragestellungen, als vielmehr verschiedene Arten von Nebenaufgaben, die zu Forschungszwecken eingesetzt werden.

Das Nebenaufgabenparadigma wurde in der verkehrspsychologischen Forschung eingesetzt, um Aussagen über die mentale Verarbeitungskapazität treffen zu können (vgl. BARTMANN, 1995; FÄRBER, 1987; HARMS, 1991). Darüber hinaus wurde mit dieser Methode auch die sensorische Kapazität von Versuchspersonen untersucht (u.a. KLEBELSBERG & KALLINA, 1961). Beim Untersuchungseinsatz von Doppelaufgaben gehen OGDEN, LEVINE, & EISNER (1979) von möglichen Aufgabeninterferenzen aus, die sowohl durch die Auslastung der Wahrnehmungsorgane, als auch durch eine zentrale Auslastung bedingt sein können.

„Intertask interference can be considered to result from either structural or central limitation". (S.537)

Die Autoren sehen die Möglichkeit, mit der Doppelaufgabentechnik einzelne Aufgaben und Faktoren, die Interferenzen verursachen, zu identifizieren.

3.2.4.1 Reizdiskriminationsaufgaben

Zur Messung mentaler Restverarbeitungskapazität werden u.a. Vergleichs- oder Reizdiskriminationsaufgaben eingesetzt. BROWN & POULTON (1961) ließen ihre Probanden nicht wiederholte Ziffern in achtstelligen Zahlenreihen erkennen, um die Wahrnehmungsauslastung innerhalb verschiedener Verkehrsbedingungen zu untersuchen. Hierbei sanken die Leistungen in der Nebenaufgabe bei hohem Verkehrsaufkommen zunächst erwartungsgemäß. Durch vermehrte Übung nahm die Leistung in der Nebenaufgabe nach achtstündiger Fahrt allerdings zu.

Aufbauend auf den beschriebenen Ergebnissen setzte BROWN (1965) ebenfalls eine Vergleichsaufgabe ein, um ein geeignetes Untersuchungsinstrument zur Müdigkeitsmessung von Kraftfahrern zu generieren. Vor und nach einem Arbeitstag gab er seinen Probanden[2] eine Ziffernreihe vor, wobei die Sequenz „gerade - ungerade - gerade" von den Teilnehmern mit Knopfdruck beantwortet werden sollte. Bei der Ausführung dieser Nebenaufgabe beobachtete er Auswirkungen auf die Fahrgüte und eine Verlangsamung der Durchschnittsgeschwindigkeit.

Die Fahrleistung blieb hingegen unbeeinflußt, wenn alternativ eine Gedächtnisaufgabe als Nebenaufgabe eingesetzt wurde. Bei dieser Aufgabenstellung wurde eine Reihe von Buchstaben vorgegeben, in der ein Buchstabe wiederholt vorkam. Am Ende jeder Buchstabenserie sollte der Doppelbuchstabe genannt werden. Bei beiden Nebenaufgaben wurde die mittlere Fehlerhäufigkeit als Leistungsmaß ermittelt.

Das unerwartete Absinken der Leistungen in der Hauptaufgabe kann entweder durch Interferenzen zwischen der Haupt- und Nebenaufgabe begründet sein, oder mit der Vernachlässigung der instruktionsgemäßen prioritären Bearbeitung der Hauptaufgabe zusammenhängen.

Entgegen der beschriebenen Ergebnisse sieht FÄRBER (1987) gerade im Einsatz von Reizdiskriminationsaufgaben den Vorteil, Interferenzen mit der Fahraufgabe vermeiden zu können, da dieser Nebenaufgabentyp lediglich geringe Anforderungen an die Speicherkapazität stellt.

3.2.4.2 Reizdetektionsaufgaben

Eine weitere Methode zur Erfassung der kognitiven Restverarbeitungskapazität sind Reizdetektionsaufgaben. TRÄNKLE (1978) untersuchte u.a. mit diesem Aufgabentyp Ermüdungserscheinungen und Vigilanzprobleme bei Langstreckenfahrten mit bzw. ohne Geschwindigkeitsbeschränkung auf Autobahnen. Die Veränderung aufleuchtender Richtungspfeile, die im Kraftfahrzeug angezeigt wurden, galt es mit unterschiedlichen Reakti-

---

[2] Bei den Versuchspersonen handelte es sich um Verkehrspolizisten.

onstasten zu quittieren. Veränderungen der Reizgegebenheit traten alle 30 Sekunden bis 11 Minuten auf. Anhand dieser Nebenaufgabe gelang es ihm allerdings nicht, statistisch relevante Unterschiede hinsichtlich der kognitiven Auslastung, in Abhängigkeit von der Fahrdauer bzw. der Geschwindigkeit, zu generieren.

Kritisch zu bemerken ist an dieser Methode, daß die kognitive Restverarbeitungskapazität durch die verhältnismäßig langen Zeitintervalle der Aufgabenveränderung nicht permanent bestimmt werden konnte und daher kurzfristige Veränderungen nicht erfaßt wurden.

Auch NIRSCHL & KOPF (1997) verwendeten in ihrer Feldstudie eine Reizdetektionsaufgabe. In ihrer Untersuchung evaluierten die Autoren den Umgang mit ACC-Systemen (Adaptive Cruise Control) in unterschiedlichen Verkehrssituationen. ACC-Systeme sind im Vergleich zu herkömmlichen Tempomaten nicht nur in der Lage, eine vorgegebene Geschwindigkeit zu halten, sondern sie messen darüber hinaus den Abstand zu einem vorausfahrenden Fahrzeug und sorgen für eine konstante Regulierung.

Als objektives Maß für die mentale Beanspruchung verwendeten die Autoren eine visuelle Detektionsaufgabe. Während der Untersuchungsfahrt auf der Autobahn hatten die Probanden beim Aufleuchten einer zufallsgesteuerten Lampe, die im Bereich des Armaturenbrettes installiert war, einen Reaktionsknopf zu betätigen. Anhand der erhobenen Detektionsrate und der Reaktionszeit bei der Bearbeitung der Nebenaufgabe wurde auf die mentale Restverarbeitungskapazität geschlossen. Die insgesamt 13 Untersuchungsteilnehmer wurden unterschiedlichen ACC-Systemeinstellungen zugeordnet, mit denen sie jeweils eine Reihe von Wiederholungsfahrten durchführten. Als Ergebnis stellten die Autoren fest, daß sich die Leistungen im Umgang mit ACC-Systemen mit zunehmender Übung steigerten, was sich in einer Abnahme der mentalen Beanspruchung äußerte.

3.2.4.3 Interne Zeitschätzung

In einigen verkehrspsychologischen Studien wurde die mentale Beanspruchung anhand der internen Zeitschätzung ermittelt (u.a. MICHON, 1965; WIEGAND, 1991). Diese Art der Nebenaufgabe basiert auf der Annahme, daß Belastungen einen Einfluß auf die subjektive Zeiteinschätzung haben. MICHON (1965) geht explizit davon aus, daß bei beanspruchenden Aufgaben die Zeit subjektiv schneller zu vergehen scheint als bei weniger beanspruchenden Aufgaben.

Zur Bewertung der kognitiven Beanspruchung von Verkehrsteilnehmern setzte auch WIEGAND (1991) das Instrument der Zeitschätzung als Nebenaufgabe ein. Hierbei übten die Probanden zunächst die Zeiteinschätzung von 20-Sekunden-Intervallen ein, bis sie hierbei eine hinreichende Genauigkeit erzielten. Die Hauptaufgabe bestand im Laborversuch aus einer kognitiven Testbatterie, während in der Felduntersuchung eine Fahraufgabe mit einem Militärlastwagen durchgeführt wurde. WIEGAND konnte einen klaren Zusammenhang zwischen der erfolgten Zeitschätzung und dem Grad der mentalen Beanspruchung feststellen. Ungeklärt bleibt bei seinen Ergebnissen allerdings, ob eine erhöhte Beanspruchung mit einer verlängerten oder verkürzten Zeiteinschätzung einhergeht. Die Annahme MICHONS (1965), die Zeit verginge in beanspruchenden Situationen subjektiv schneller, konnte damit nicht bestätigt werden.

3.2.4.4 Erzeugung zufälliger Abfolgen

Eine weitere Nebenaufgabe zur Bestimmung der mentalen Reservekapazität ist die Erzeugung zufälliger Abfolgen bei der Aufzählung bzw. Nennung bestimmter Dinge. Grundlegend für diese Untersuchungsmethode ist die Annahme, die Produktion einer zufälligen Abfolge sei schwieriger als die einer zyklischen Reihe. BROWN, TICKNER & SIMMONDS (1966) stellten ihren Probanden während der Autofahrt die Aufgabe, Monatsnamen in einer möglichst zufälligen Reihenfolge zu nennen. Während dieser Aufgabenbearbeitung wurde jedoch eine Beeinträchtigung der Fahraufgabe verzeichnet, die sich in vermehrter Nutzung des Gaspedals und verstärkten Lenkbewegungen äußerte.

3.2.4.5 Kopfrechenaufgaben

Bei HARMS (1991) werden Experimente beschrieben, die den Einfluß der Verkehrsumgebung auf die kognitive Fahrerbeanspruchung untersuchen. Als Nebenaufgabe wählte die Autorin hierbei Kopfrechenaufgaben. Den Versuchspersonen wurden Zahlenpaare von einem Tonband vorgespielt. Die Probanden hatten die Aufgabe, die jeweils niedrigere Zahl von der größeren zu subtrahieren. Als Leistungsmaß wurde die Berechnungszeit bis zu einer erfolgten Antwort erhoben. Dabei zeigte sich in Ortsbereichen eine höhere Beanspruchung als auf Autobahnabschnitten. Die Autorin geht davon aus, daß diese Nebenaufgabe nicht nur geeignet ist, unterschiedliche Verkehrsumgebungen hinsichtlich der mentalen Beanspruchung zu differenzieren, sondern sich auch zur Untersuchung weiterer verkehrspsychologischer Fragestellungen eignet.

3.2.4.6 Taktgebundenes Sprechen

Eine neuartige Nebenaufgabe setzte BARTMANN (1995) zur Erfassung der kognitiven Fahrerbeanspruchung während der Autofahrt ein. Ihre Versuchsteilnehmer, geübte Autofahrer und Fahranfänger, hatten sinnlose Buchstabenverbindungen, bestehend aus zwei Vokalen und einem Konsonanten, in einer vorgegebenen Taktfrequenz zu sprechen. Diese taktgebundene Sprechaufgabe wurde kontinuierlich während der Versuchsfahrt auf einer Beanspruchungsstrecke und einer Kontrollstrecke durchgeführt. Hinsichtlich des Fahrverhaltens unterschieden sich Fahranfänger und geübte Autofahrer kaum. Auch in der Nebenaufgabe zeigten sich auf der Kontrollstrecke keine Leistungsunterschiede. Im Gegensatz dazu erbrachten weniger geübte Fahrer auf der Beanspruchungsstrecke schlechtere Leistungen in der Nebenaufgabe als geübte Autofahrer. In der Annäherungsphase an Kreuzungen zeigten die geübten Fahrer im Vergleich zu weniger geübten Fahrern eine exaktere Bearbeitung der Nebenaufgabe als während des Abbiegevorgangs selbst. Für die Annäherungsphase wird dementsprechend eine Routine angenommen, die sich in einer niedrigeren kognitiven Beanspruchung geübter Fahrer zeigt. Diese wiesen dementsprechend in der Annäherungsphase bessere Leistungen in der Nebenaufgabe auf als Fahranfänger.

3.3 Anforderungen für den Einsatz von Nebenaufgaben in der verkehrspsychologischen Forschung

Auf Grundlage der Erfahrungen, die bei dem Einsatz von Doppelaufgaben innerhalb der verkehrspsychologischen Forschung gemacht wurden lassen sich Anforderungen für geeignete Nebenaufgaben ableiten, die im folgenden diskutiert werden.

Für die erfolgreiche experimentelle Umsetzung einer Fragestellung ist die Auswahl einer geeigneten Nebenaufgabe von entscheidender Bedeutung. In Abhängigkeit davon, ob gleiche oder verschiedene Verarbeitungsstrukturen in Anspruch genommen werden, kann ein Nebenaufgabentyp nach MICHON (1966) mit verschiedenen Hauptaufgaben unterschiedlich stark interferieren. Hierdurch ist die Vergleichbarkeit von Belastungen bei unterschiedlichen Hauptaufgaben erschwert.

FÄRBER (1987) kam in seiner Studie zu dem Schluß, daß es nicht eine Nebenaufgabe gibt, die für alle Fragestellungen der Verkehrspsychologie in gleich gutem Maß anwendbar ist. Vielmehr sollte je nach Untersuchungsintention entschieden werden, welcher Aufgabentyp eingesetzt wird. Um die Probleme bei experimentellen Untersuchungen unter Einsatz von

Nebenaufgaben zu minimieren, haben bereits KNOWLES (1963) und JOHANNSEN (1976) Kriterien für den erfolgreichen Einsatz von Nebenaufgaben formuliert, die auch durch FÄRBER (1987) ergänzt wurden:

- Die Leistungen sowohl in der Neben- als auch in der Hauptaufgabe sollten kontinuierlich aufgezeichnet werden, da Interferenzen zwischen Haupt- und Nebenaufgabe nicht immer ausgeschlossen werden können.

- Mögliche Interferenzen zwischen Haupt- und Nebenaufgabe sollten vermieden werden, Leistungsverschlechterungen sollten immer nur bei der Nebenaufgabe auftreten.

HUSSY (1998) geht davon aus, daß automatisierte Handlungsabläufe ohne Aufmerksamkeitszuwendung ablaufen und dementsprechend auch keine Verarbeitungskapazität benötigen. Automatisierte Handlungen können daher störungsfrei in Kombination mit alternativen Handlungen durchgeführt werden. Die Ablaufkontrolle und die Steuerung automatisierter Handlungen findet im Rahmen des MEKIV-Modells (vgl. Kap. 3.1.1) nicht innerhalb des zentralen Prozessors statt. Als Auslöser werden vielmehr interne oder externe Reize gesehen. Interferenzen bezüglich der Steuerungs- und Kontrollprozesse mit anderen Handlungen können daher nicht entstehen.

- Es sollte eine möglichst einfache Nebenaufgabe verwendet werden, um individuelle Lernverläufe bei den Probanden zu vermeiden. Auf der anderen Seite ist der Einsatz von Nebenaufgaben nur vorteilhaft, wenn für die Haupt- und Nebenaufgabe keine spezifischen Verarbeitungsstrukturen vorliegen. Die Nebenaufgabe darf daher nicht so leicht sein, daß spezifische Verarbeitungsstrukturen gebildet werden können, die parallel und unabhängig voneinander arbeiten.

- Um die Akzeptanz der Versuchspersonen zu gewinnen, sollte außerdem ein sinnvoller Bezug der Aufgabenstellungen zur Realität angestrebt werden.

- Allgemeine Arousalerhöhungen sollten nicht aus der Aufgabenstellung der Nebenaufgabe resultieren, sondern im Zusammenhang mit der Aufgabenstellung der Hauptaufgabe stehen.

- Die prioritäre Behandlung und Beachtung der Hauptaufgabe gegenüber der Nebenaufgabe muß bei der Instruktion der Probanden deutlich werden. Diese sollte über den gesamten Untersuchungszeitraum aufrecht erhalten werden. Denn nur unter dieser Voraussetzung kann davon ausgegangen werden, daß die Leistung in der Nebenaufgabe ein Indikator für die verbleibende kognitive Verarbeitungskapazität ist. Der schlecht kontrollierbare Zuwendungsgrad der Probanden, der durch situations- und interessenspezifische Aufmerksamkeitsunterschiede begründet sein kann, kann ein Problem für die Dateninterpretation beim Untersuchungseinsatz von Doppelaufgaben darstellen.

FÄRBER (1987) schlägt aus den oben aufgeführten Gründen eine akustische Darbietungsform der Nebenaufgabe vor, um die mentale Restverarbeitungskapazität möglichst ohne Interferenzen zwischen Haupt- und Nebenaufgabe während der Autofahrt messen zu können. Bei dem Einsatz neuer technischer Informationssysteme werden dem Fahrer aber zunehmend akustische Informationen dargeboten, so daß gerade bei der Erprobung dieser Informationssysteme der akustische Kanal von diesen Systemen in Anspruch genommen wird (vgl. FÄRBER & FÄRBER 1988).

Für die akustische Darbietung „alltäglicher Nebenaufgaben" sprechen auch die Ergebnisse von WIERWILLE & TIJERINA (1995), die bei ihrer Analyse von Unfallberichten der Unfalldatenbank in North Carolina zu dem Ergebnis kamen, daß die visuelle Aufmerksamkeitsablenkung auf den Fahrzeuginnenraum eine häufige Unfallursache darstellt. Sie sehen in der Bedienung neuer technischer Geräte, die visuelle Aufmerksamkeit erfordern, eine Ursache für ansteigende Unfallzahlen.

Dieses grundlegende Ergebnis zur Verkehrssicherheit, die durch „alltägliche Nebenaufgaben" negativ beeinflußt wird, spricht für den zunehmenden Trend, relevante Fahrzeuginformationen nicht länger ausschließlich optisch darzustellen. Um diese neuen oder veränderten Informationssysteme aber untersuchen zu können, sollten Interferenzen zwischen diesen Systemen und der experimentellen Nebenaufgabe vermieden werden. Aus dieser Notwendigkeit können sich veränderte Anforderungen an verkehrspsychologische Untersuchungen, die mit dem Untersuchungsdesign der Doppelaufgabe arbeiten, ergeben, wie beispielsweise eine Darstellungsform der Nebenaufgabe, die nicht den akustischen Kanal beansprucht.

3.4   Kritische Betrachtung des Doppelaufgabenparadigmas

Wie in den vorangegangenen Kapiteln erläutert, hat sich der experimentelle Einsatz von Doppelaufgaben sowohl in Labor- als auch in Feldstudien vielfach mit Erfolg bewährt. Dennoch wird die Frage, ob das Ausmaß der Informationsverarbeitungskapazität begrenzt ist -und das Gehirn dementsprechend seriell arbeitet- oder ob Verarbeitungsvorgänge parallel ablaufen, von einigen Vertretern der kognitiven Psychologie kontrovers diskutiert. Dabei werden zum Teil die theoretischen Grundvoraussetzungen für den Einsatz des Doppelaufgabenparadigmas in Frage gestellt.

WICKENS (1980), der das Postulat einer einzigen begrenzten Informationsverarbeitungskapazität in Frage stellt, geht nicht von einer unspezifischen Kapazität aus, sondern nimmt vielmehr verschiedene Kapazitäten mit Ressourceneigenschaften an, die unabhängig voneinander genutzt werden können. Die Verteilung der Ressourcen steht dabei unter willentlicher Kontrolle, ihre Verfügbarkeit ist aber begrenzt. Auf Grundlage dieser Annahmen sind Leistungseinbußen bei der Ausführung von Doppelaufgaben vor allem dann zu erwarten, wenn zwei simultan ausgeführte Tätigkeiten dieselbe Ressource nutzen.

Zur experimentellen Überprüfung entwickelten WICKENS & LIU (1988) in der Folge ein Laborszenario mit dem Ziel, unterschiedliche kognitive Modelle gegenüberzustellen. Ihre Ergebnisse zeigen, daß die Leistungen bei einer Trackingaufgabe in Verbindung mit einer rein verbalen Nebenaufgabe besser waren, als bei der Kombination mit einer verbalen Aufgabenstellung, die eine motorische Reaktion erforderte. Die Autoren begründen diesen Unterschied mit der Existenz von getrennten verbalen und räumlichen Verarbeitungsmechanismen.

Leistungssteigerungen bei der Ausführung von Doppelaufgaben können nach WICKENS (1992) erzielt werden, indem einzelne Aufgaben häufig wiederholt werden und dadurch eine automatisierte Bearbeitung erfolgt. Bei häufiger Übung bestimmter Aufgabenkombinationen kann es zu einer ausgeprägten Fähigkeit kommen, die Aufgaben simultan zu bearbeiten. WICKENS geht dabei nicht von einer allgemeinen Fähigkeit aus, Mehrfachaufgaben zu bearbeiten, sondern vielmehr von einer Leistungssteigerung durch geübte Aufgabenkombinationen.

Auch GOPHER, BRICKNER & NAVON (1982) gehen von einem multiplen Ressourcenmodell aus:

„(...) the human processing system is regarded as possessing several mechanisms, each having its own capacity. Concurrently performed tasks may overlap to various degrees in their demand for those capacities." (146)

Bei der von ihnen eingesetzten Trackingaufgabe kommen sie zu dem Ergebnis, daß diese zwei unterschiedliche Anforderungen beinhaltet, deren Bewältigung verschiedene Ressourcen beansprucht: Zum einen wird auf kognitive Ressourcen zurückgegriffen, zum anderen benötigt die Aufgabenbearbeitung auch motorische Ressourcen.

Basierend auf den genannten Befunden untersuchten GOPHER & NAVON (1980) eine Trakkingaufgabe in Kombination mit einer Schreibaufgabe. Hierbei zeigte sich, daß ihre Trakkingaufgabe vornehmlich Ressourcen beanspruchte, die mit motorischen Anforderungen in Zusammenhang standen, während die von ihnen entwickelte Schreibaufgabe motorische und kognitive Fähigkeiten erforderte:

„(...) the results are interpreted to indicate that in joint performance, typing and tracking compete mainly for motor-related resources but not for cognitive resources. Consistent with the multiple resources concept, the letter-typing task is argued to require at least two kinds of resources." (S. 146)

NEUMANN (1987) bewertet die bisherigen Versuche, angenommene Ressourcen zu identifizieren und zu messen, als erfolglos. Nach seiner Auffassung nehmen die unterschiedlichen postulierten Ressourcen mit der Anzahl der eingesetzten Aufgabenstellungen und den dabei beobachteten Interferenzen zu. Dabei ist der Erkenntnisfortschritt, der durch die Beschreibung der Vielzahl unterschiedlicher Ressourcen erzielt werden kann, nach NEUMANNs Einschätzung gering. Die Beschreibung der verschiedenen Ressourcen müßte seiner Meinung nach so differenziert erfolgen, daß sie sich nicht mehr von der empirischen Realität unterscheiden ließe.

„However, if resources proliferate as new examples of specific interference are being discovered, then we will end up with a pattern of resources that is the exact replicate of the pattern of results. This would be a description, not a theory." (S. 367)

Ein weiterer Kritikpunkt NEUMANNS (1992) an den Ressourcenkonzepten ist das zirkuläre Untersuchungsvorgehen bei ihrer Überprüfung: Experimentell werden hierzu vornehmlich Doppelaufgaben herangezogen, die aber gerade durch das Konzept der Ressourcen erklärt werden.

NEUMANN (1992) selbst vertritt ein alternatives Modell der Aufmerksamkeit, bei dem die oftmals postulierte Trennung von Aufmerksamkeitsprozessen und übrigen Systemkomponenten in Frage gestellt wird. Sein Fünf-Komponenten-Konzept der Aufmerksamkeit ist nicht empirisch, sondern heuristisch orientiert und setzt sich aus lokalen Modellen der Aufmerksamkeitstheorie zusammen:

- Durch Verhaltenshemmung wird verhindert, daß unvereinbare Handlungen simultan ausgeführt werden. Diese Verhaltenshemmung stellt sicher, daß nur ein Effektorsystem für eine Handlung benutzt wird. Während eine Handlung ausgeführt wird, werden dabei andere Handlungen gehemmt.

- Es erfolgt eine Regulation des physiologischen Erregungsniveaus. Entsprechend dem Modell der Aufmerksamkeit von SANDERS (1983) kann psychophysiologische Erregung auf drei Dimensionen beschrieben werden: Die erste bezieht sich auf die Orientierungsreaktion, die zweite auf die Reaktionsbereitschaft und die dritte auf die Regulation und zentrale Verarbeitung der beiden Erstgenannten.

- Informationen werden zur Handlungssteuerung soweit selektiert, daß eine Entscheidung getroffen werden muß, in welcher Form eine bestimmte Handlung ausgeführt werden soll.

- Einzelnen Handlungen geht jeweils eine Handlungsplanung voraus.

- Unterschiedliche Handlungen, die auf dieselbe Fertigkeit zurückgreifen, werden gehemmt; wobei eine Fertigkeit flexibel ist und für unterschiedliche Handlungen eingesetzt werden kann und damit für unterschiedliche Handlungen spezifizierbar ist. Wenn beide Aufgaben um die gleiche Fertigkeit konkurrieren, können Interferenzen entstehen. Durch Übung können aber spezifische Fertigkeiten erworben werden, mit denen Interferenzen bei Doppeltätigkeiten vermieden werden.

Die ersten drei Komponenten seines Modells lassen sich nach NEUMANN (1992) auch bei Säugetieren finden, während das für die letztgenannten nicht im gleichem Maße zutrifft. NEUMANN weist darauf hin, daß die Komponente der Handlungsplanung und die der Koordination des Handelns durch einen Handlungsplan eine entscheidende Voraussetzung für die Ausführung von Doppelaufgaben ist. Denn erst durch die Planung und Koordination von Handlungen ist die Ausführung gezielter Handlungsabfolgen möglich. Dabei wird davon ausgegangen, daß zwei Handlungen nicht wirklich gleichzeitig ausgeführt werden, sondern die je einzelne Aufgabenbewältigung zeitlich versetzt erfolgt.

Als einen Beleg für den postulierten Mechanismus der Handlungsplanung sieht NEUMANN (1992) die Tatsache, daß bereits die Planung einer folgenden Handlung die gerade ausgeführte Tätigkeit beeinflußt. An dieser Stelle räumt der Autor eine gewisse Begrenzung der kognitiven Kapazität ein. Dementsprechend soll sich nach NEUMANN (1987) eine erhöhte Aufgabenschwierigkeit nur auf die Leistung bei einer weiteren Tätigkeit auswirken, wenn dadurch die Handlungspläne an Komplexität gewinnen. Bleibt der Handlungsplan hingegen von der Schwierigkeitszunahme unbeeinflußt, sollten auch die Leistungen in der zweiten Aufgabe stabil bleiben.

„Increasing the difficulty of one task should affect the other task if – and only if – the difficulty manipulation has its effect on the number and/or complexity of condition-action rules, (...)" (S. 382)

Experimentell konnte diese Annahme allerdings bisher noch nicht belegt werden. Bei einer Überprüfung müßte die Aufgabenstellung der Hauptaufgabe hinsichtlich ihrer Schwierigkeit und Komplexität systematisch variiert werden, um die Auswirkungen auf die Leistungen in der Nebenaufgabe überprüfen zu können.

Abschließend ist festzuhalten, daß es, wie anfangs erwähnt, kontroverse Auffassungen bezüglich der Begrenztheit und der Ressourceneigenschaften der menschlichen Informationsverarbeitungskapazität gibt. Empirisch konnten diese Einwände allerdings bisher nicht ausreichend bestätigt werden. Um zu einer abschließenden Bewertung bezüglich der parallelen oder seriellen Informationsverarbeitung zu kommen, bedarf es zunächst noch weiterer Forschung. Wissenschaftliche Untersuchungen im Bereich der Verkehrspsychologie (u.a. WIEGAND 1991, HARMS, 1991; NIRSCHL & KOPF, 1997), die auf der theoretischen Annahme einer seriellen begrenzten kognitiven Informationsverarbeitung basieren, konnten vielfach erfolgreiche Ergebnisse verzeichnen. Hierbei hat sich gerade der Einsatz von Doppelaufgaben bewährt und als praktikabel erwiesen, um Aussagen über die kognitive Beanspruchung treffen zu können.

4   Subjektive Einschätzung der Beanspruchung

Ausgehend von der Annahme, daß Personen den Grad ihrer Beanspruchung subjektiv spüren und im Zusammenhang mit ihren Leistungsvoraussetzungen einschätzen können, werden subjektive Beurteilungen als Beanspruchungsindikatoren verstanden. Diese theoretische Voraussetzung formulieren O'DONNELL & EGGEMEIER (1986) wie folgt:

"The theoretical basis for the sensitivity of subjective measures is the assumption that increased capacity (...) will be associated with subjective feelings of effort or exertion that can be reported accurately by the subject." (S. 42-7)

Bei der Beanspruchungsmessung werden den Beteiligten meist vor Beginn und im Anschluß an die Untersuchung, Befindlichkeitsfragebögen vorgelegt, mit denen die subjektiv erlebte Beanspruchung erfragt wird. Dieses Vorgehen hat im Gegensatz zur physiologischen Beanspruchungsmessung den Vorteil der leichten Handhabbarkeit. Zudem werden die Probanden während der Untersuchung nicht durch den Einsatz weiterer Meßapparaturen zusätzlich beansprucht.

Zur subjektiven Einschätzung der Beanspruchung wurden standardisierte Instrumente entwickelt, wie beispielsweise der BMS-II-Fragebogen von PLATH & RICHTER (1984). Hierbei handelt es sich um ein Verfahren zur Erfassung von Ermüdungs-, Monotonie-, Sätti-gungs- und Streßeffekten am Arbeitsplatz. In modifizierter Form setzte KIEGELAND (1990) dieses Verfahren zur Bestimmung der Beanspruchung von Berufskraftfahrern ein.

Da sich die Items in Fragebögen zur Beanspruchungsmessung möglichst direkt auf den Untersuchungsgegenstand beziehen sollen, wurden in verschiedenen Studien (REITER, 1976; ROHMERT et al., 1994b; WALTER, 1989) auch eigens zu diesem Zweck entwickelte Fragebögen eingesetzt.

Im Rahmen einer Reliabilitätsstudie mit Meßwiederholung, bei der u.a. die subjektiv ein-geschätzte mentale Beanspruchung untersucht wurde, kommt PFENDLER (1982) zu dem Ergebnis, daß die subjektive Einschätzung gut zwischen unterschiedlichen Schwie-rigkeitsstufen der Fahraufgabe differenziert und zuverlässige Meßwerte liefert (vgl. Kap. 3.2.3.3).

5   Biographische Daten

Bei der Messung der Informationsverarbeitungskapazität im Straßenverkehr spielen ne-ben situativen Aspekten auch biographische Hintergründe des Fahrers eine Rolle.

Bei den biographischen Daten, die meist über Fragebögen ermittelt werden, interessieren hauptsächlich das Alter und Geschlecht der Probanden. Außerdem werden in diesem Rahmen häufig Informationen über die Kraftfahrzeugnutzung und Fahrpraxis der Ver-suchspersonen erhoben (REITER, 1976; BARTMANN, 1995; FÄRBER, 1987).

5.1   Alter

In der Literatur werden jüngere Fahrer oft als „Problemgruppe" bezeichnet, was mit der höheren Unfallbeteiligung dieser Personengruppe begründet ist. Nach KROJ (1987) zeich-nen sich jüngere Verkehrsteilnehmer durch weniger Fahrpraxis und eine ausgeprägtere Risikobereitschaft im Vergleich zu älteren Kraftfahrer aus. Jedoch zeichnet sich in der Li-teratur ein heterogener Forschungsstand bezüglich möglicher Alterseffekte ab.

Während in FÄRBERs Untersuchung (1987) keine altersspezifischen Unterschiede bei der simultanen Reizverarbeitung auftreten, stellen FÄRBER & FÄRBER (1988) in ihrem Labor-versuch bei älteren Untersuchungsteilnehmern signifikant längere Reaktionszeiten bei der

Beantwortung von Fragen und vermehrt falsche Antworten fest. Im Gegensatz zu diesem Ergebnis bestehen keine altersspezifischen Unterschiede bei motorischen Reaktionen. Ältere Versuchspersonen verfügen demnach über eine geringere mentale Leistungsfähigkeit, als jüngere Probanden. Nach BARTMANN (1995), die bei routinierten Autofahrern in bestimmten Verkehrssituationen eine geringere mentale Beanspruchung feststellen konnte (vgl. Kap. 3.2.4.6), ist anzunehmen, daß ältere Versuchsteilnehmer derartige Defizite möglicherweise bis zu einem gewissen Grad durch ihre vermehrt vorhandene Fahrpraxis ausgleichen können.

5.2 Geschlecht

WEISSBRODT (1989) kommt zu der Ansicht, daß das Geschlecht des Fahrers eine Rolle bei der Einschätzung von Risiken im Straßenverkehr spielt und gleichzeitig im Zusammenhang mit der emotionalen Einstellung zum Auto steht. Aber auch bezüglich der Ausprägung des Vorstellungs- und Orientierungsvermögens stellten KOSLOWSKI & BRYANT (1977) sowie KORTELING (1988) geschlechtsspezifische Unterschiede fest. In REITERs (1976) Untersuchung benötigten weibliche Kraftfahrer, unabhängig von der Fahrbelastung, längere Reaktionszeiten bei Wahlreaktionsaufgaben und einfachen Reaktionsaufgaben als die männlichen Probanden.

5.3 Fahrerfahrung

In verschiedenen empirischen Studien konnte gezeigt werden, daß routinierte Autofahrer in beanspruchenden Verkehrssituationen über mehr mentale Restverarbeitungskapazität verfügen als wenig geübte Fahrer:

Bei der von BARTMANN (1995) durchgeführten Feldstudie erzielten Autofahrer mit einer ausgeprägten Fahrpraxis in komplexen Verkehrssituationen bessere Leistungen in der Nebenaufgabe als Versuchspersonen mit einer geringeren Fahrroutine (vgl. Kap. 3.2.4.6). COHEN (1985) konnte in beanspruchenden Situationen Unterschiede im Blickverhalten von Fahranfängern und geübten Autofahrern feststellen: Routinierte Autofahrer zeigten u.a. mehr antizipatorisches Blickverhalten (vgl. Kap. 2.6). In beiden Untersuchungen traten die genannten Gruppenunterschiede allerdings nur in Situationen mit einem erhöhten Belastungsgehalt auf.

6   Klassifikation von Verkehrssituationen

In Abhängigkeit von situativen Verkehrsbedingungen verändert sich nicht nur das Fahrverhalten des Autofahrers, sondern es ist auch davon auszugehen, daß unterschiedliche Verkehrssituationen mit verschiedenen Belastungen für den Verkehrsteilnehmer verbunden sind. Es erscheint einleuchtend, daß die Beanspruchung eines Fahrers auf einer gut ausgebauten Straße bei geringem Verkehrsaufkommen niedriger ist als auf einer schmalen, kurvigen und unübersichtlichen Straße oder im innerstädtischen Bereich während des Berufsverkehrs. Die Beanspruchungsmessung des Autofahrers sollte daher immer im Kontext der Verkehrssituation erfolgen.

KÜTING (1977) weist darauf hin, daß ein wichtiges Anliegen der Verkehrssicherheit darin besteht, Straßenbedingungen zu identifizieren, in denen die kognitiven Leistungsgrenzen der Verkehrsteilnehmer weder über- noch unterschritten werden. Die Klassifikation von Verkehrssituationen mit unterschiedlichem Belastungsgehalt ist daher ein wichtiger Forschungs-schwerpunkt der Verkehrspsychologie.

Die Registrierung unterschiedlicher Verkehrssituationen kann entweder durch eine beifahrende Person, eine voraus- bzw. nachfahrende Person oder auch durch Videokameras erfolgen. Während in den beiden ersten Fällen die Klassifikation unmittelbar durchgeführt wird, kann die Auswertung der Videoaufzeichnungen erst im Anschluß an die Untersuchung z.B. anhand von Expertenratings erfolgen.

Eine Schwierigkeit, die sich bei der Erfassung von Verkehrssituationen ergibt, besteht in der Tatsache, daß es sich bei den Situationen nicht um klar voneinander abgrenzbare Ereignisse handelt. Es muß vielmehr mit kumulierten Effekten gerechnet werden, da eine vorausgehende Situation das Erleben und die Wahrnehmung einer zeitlich folgenden beeinflußt. Um Verkehrssituationen als voneinander getrennte Ereignisse bewerten zu können, müßte nach HOYOS & KASTNER (1986) nach jeder definierten Situation eine Pause stattfinden, und erst danach dürfte eine weitere Verkehrssituation aufgesucht und bewertet werden. Aber nicht nur die zu erwartenden kumulierten Effekte machen die Bewertung von Verkehrssituationen schwierig, sondern auch die Definition von Anfang und Ende der unterschiedlichen Situationsklassen.

6.1   Begriffsbestimmung

Das Problem der Anfangs- und Enddefinition von Verkehrssituationen hat V. BENDA (1977, 1983) zu lösen versucht, indem sie einen systemanalytischen Ansatz wählte, bei dem die Situation als Umgebung des Mensch-Maschine-Systems definiert wird. Nach V. BENDA (1977, 1983) ist das Autofahren als eine Kette von Interaktionen zwischen dem System Fahrer-Fahrzeug und seiner sich kontinuierlich ändernden Umgebung zu verstehen. Der Begriff „Verkehrssituation" wird als Umgebung des Mensch-Maschine-Systems definiert. Zur Verkehrssituation gehören alle Elemente außerhalb dieses Systems, mit denen es interagiert, d.h. über die der Fahrer Informationen hat und auf die er reagiert. Eine Kreuzungssituation beginnt z. B. an der Richtmarkierung, die zum Einordnen des Fahrzeugs verpflichtet und endet nach dem vollständigen Passieren inklusive Zebrastreifen.

HOYOS & KASTNER (1986) beziehen sich bei der Definition von Verkehrssituationen auf die Arbeiten V. BENDAs:

„Eine Verkehrssituation ist, wie ihr Name sagt, ein begrenzter Ausschnitt aus dem gesamten Verkehrsgeschehen, den der Fahrer als solches selbst erlebt und in seiner zeitlichen Begrenzung erfährt. Die Situation ist per definitionem als die Umgebung der handelnden Person, also hier des Fahrers, zu verstehen. Wir bezeichnen daher mit v. Benda (1977a) die Umgebung des Systems Fahrer Fahrzeug als die Verkehrssituation aus Fahrersicht. (S. 13)

Die Gesamtfahrtätigkeit wird dementsprechend als Kette von Interaktionen zwischen dem System Fahrer-Fahrzeug und einer sich kontinuierlich ändernden Umgebung betrachtet: Aus Sicht des Fahrers handelt es sich um eine Kette von Fahraufgaben.

FASTENMEIER (1994) definiert den Begriff der „Verkehrssituation" ebenfalls in Anlehnung an V. BENDA (1977, 1983) als einen

„begrenzten Ausschnitt aus dem Verkehrsgeschehen, den der Fahrer als solchen erlebt und in seiner zeitlichen und räumlichen Begrenzung erfährt. Eine Änderung der Umgebung – Elemente der Umgebung ändern ihren Zustand (Straßenführung, aufkommende Niederschläge) oder der Fahrer beendet eine Interaktion mit einem Element (eine Kreuzung wurde überquert) oder die Interaktion mit einem neuen Element beginnt (Einfahren in eine Kreuzung) – werden als Ende bzw. Beginn einer neuen Situation bezeichnet. Die Definition „aus Fahrersicht" orientiert sich also einerseits an verkehrstechnischen und baulichen Merkmalen der Situation und stellt andererseits das subjektive Erleben des Verkehrsgeschehens durch den Fahrer in den Mittelpunkt, als subjektive Bestimmung objektiver Merkmale von Verkehrssituationen." (S. 18)

6.2   Verschiedene Ansätze zur Klassifikation von Verkehrssituationen

Innerhalb der Verkehrspsychologie wurden unterschiedliche Situationsklassifika-
tionssysteme entwickelt. Bei einigen orientiert sich die Klassifikationsgrundlage an äußeren Gegebenheiten, während bei anderen Ansätzen die Situationen aus der Sichtweise
des Fahrers unterschieden werden.

6.2.1   Merkmalslisten von Verkehrssituationen

Die Merkmalslisten von ANGENENDT, ERKE, HOFFMANN, MARBURGER, MOLT & ZIMMERMANN
(1987) sowie von LEUTZBACH & PAPAVASILIOU (1988) charakterisieren im wesentlichen die
Verkehrslage und den Verkehrsablauf mit Hilfe folgender Elemente:

- bauliche Merkmale

- betriebliche Merkmale

- Merkmale des Verkehrsablaufs

- spezifische Merkmale

Kritisch ist zu dieser Taxonomie anzumerken, daß sie zwar die objektiven Verkehrsbedingungen beschreibt, aber die durch eine gegebene Verkehrssituation erzeugten Ver-
haltensmuster beim Fahrer außer acht läßt. Nach der Definition von V. BENDA (1977) ist
aber die Sichtweise des Fahrers ein entscheidender Bestandteil der Verkehrssituation.
Auch FASTENMEIER (1994) betont die Notwendigkeit, die subjektiven Anteile bei der Beschreibung von Verkehrssituationen zu berücksichtigen.

6.2.2   Klassifikationssystem für Verkehrssituationen nach v. Benda

Ein alternatives Schema für eine systematische Ordnung möglicher Verkehrssituationen
aus der Sicht des Fahrers hat V. BENDA (1977) publiziert. Dabei handelt es sich um ein
kombiniertes Klassifikationssystem, dessen Einheiten empirisch ermittelt und numerisch
kodiert wurden. Die einzelnen Situationen setzen sich dabei aus Werten von einfachen
qualitativen Merkmalen (z.B. Art des Verkehrsweges) und aus Werten einer Reihe von
quantitativen Merkmalen (z.B. Kurvenradius) zusammen.

Aufgrund des multiplikativen Zusammenhangs der Kombination der einzelnen Kategorien ergeben sich 3 Millionen Verkehrssituationen, die theoretisch mit diesem Klassifikationsschema unterschieden werden können.

6.2.3   Klassifikationssystem von Fastenmeier

FASTENMEIER (1994) kritisiert an dem System V. BENDAS, daß es zwar detailliert, aber in der Praxis wegen seines großen Umfangs nur schwer zu handhaben ist. FASTENMEIER reduziert das System daher auf acht Kategorien mit zwei bis sieben Ausprägungen. Entfernt wurden Kategorien, die sehr selten auftretende Situationen betreffen sowie als redundant angesehene Kategorien. FASTENMEIER verzichtete weiterhin auf die Kategorie „Sichtbedingungen" und „Verkehrsdichte". Eine weitere Vereinfachung leitet er aus einer empirischen Analyse seines Datenmaterials ab und konnte so die Ausprägung der einzelnen Kategorien deutlich reduzieren.

Nach FASTENMEIER (1995) ergibt sich die Komplexität von Verkehrssituationen aus dem Ausmaß der geforderten Informationsverarbeitung sowie aus der Fahrzeugbedientätigkeit. Diese beiden Aspekte wurden mit einer für die Fahrtätigkeit modifizierten Version des Fragebogens zur Arbeitsanalyse (FAA) (FRIELING & HOYOS, 1978) erfaßt. Mittels ausgewählter Indizes kann bestimmt werden, in welchem Ausmaß eine Fahraufgabe den Fahrer beansprucht. Die Verkehrssituationen wurden über Medianteilung in vier Gruppen hinsichtlich des Anforderungsgehaltes der Informationsverarbeitung und der Fahrzeugbedienung unterteilt:

Tabelle 1 Auswahl relevanter Anforderungsdimensionen des FAA in Abhängigkeit von Merkmalen der Verkehrssituationen (nach FASTENMEIER, 1995)

Komplexitätsgrad ↑ = hoch ↓ = niedrig	Beispiele von ausgewählten Verkehrssituationen	Relevante Anforderungsdimensionen
↓ Informationsverarbeitung ↓ Fahrzeugbedienung	Autobahnen Landstraßen Innerstädtische Situationen mit wenig Gegenverkehr; gerade, freie Strecke	Visuelle Beurteilung der Oberflächenbeschaffenheit, Vigilanzleistung, Distanzschätzung, Erkennen optischer Farb- und Helligkeitsunterschiede
↑ Informationsverarbeitung ↓ Fahrzeugbedienung	Innerstädtische Situationen mit beschilderter Kreuzung und Vorfahrt für den Fahrer Autobahnen bei Einmündungen Fahrten auf Autobahn	Abschätzen von Distanzen, Gefahrensymbole verstehen, Analyse von Information, Wiedererkennen
↓ Informationsverarbeitung ↑ Fahrzeugbedienung	Landstraßen mit einem kurvigen, unübersichtlichen Verlauf Stadtsituationen Innerstädtische Situationen mit beschilderter Kreuzung, Fahrer hat Vorfahrt	Vigilanzleistungen, Erkennen optischer Farb- und Helligkeitsunterschiede, Beachtung optischer Anzeigen
↑ Informationsverarbeitung ↑ Fahrzeugbedienung	Innerstädtische Situation mit beschilderter Kreuzung, Fahrer hat Wartepflicht	Schnelles Erkennen optischer Unterschiede, Abschätzen von Geschwindigkeiten, Distanzen, Größe, Zeitdauer, Kombination von Informationen, Entscheidungen unter Unsicherheit treffen

Die statistische Überprüfung erbrachte eine hochsignifikante Korrelation zwischen Fahrzeugbedienung und Informationsverarbeitung.

Leichte Situationen sind im Schema nach FASTENMEIER zeitlich eher lang andauernd, auf meist gerader, knotenfreier Strecke. Es handelt sich dabei fast ausnahmslos um Autobahn- und Landstraßensituationen oder innerstädtische Straßen ohne Gegenverkehr.

Demgegenüber sind schwierige Situationen gekennzeichnet durch meist kurze, innerstädtische Verkehrsszenarien, oft mit beschilderter Kreuzung mit Wartepflicht für den Fahrer.

FASTENMEIER (1995) geht davon aus, daß in leichten Situationen vornehmlich die Informationsaufnahme gefordert wird. Mit wachsender Komplexität steigen die Anforderungen an höhere kognitive Funktionen des Fahrers, d.h. Antizipationsleistungen und Entscheidungsprozesse des Fahrers beanspruchen einen größeren Teil seiner Informationsverarbeitungskapazität. Im Gegensatz zu den leichten Situationen dominieren hier weniger die Prozesse der Informationsaufnahme, sondern vielmehr die der Weiterverarbeitung.

6.2.4 Weitere Unterscheidungsmerkmale von Verkehrssituationen

Nicht alle Fragestellungen im Bereich der verkehrspsychologischen Forschung bedürfen eines so differenziert ausgearbeiteten Situations-klassifikationsschemas wie die bisher beschriebenen. Einige Autoren haben Verkehrssituationen lediglich hinsichtlich einzelner Gesichtspunkte klassifiziert:

NIRSCHL & KOPF (1997) gehen davon aus, daß sich Situationen durch die Zustandsbeschreibungen der Komponenten Fahrer, Umwelt und Fahrzeug beschreiben lassen. Sie legten das Hauptaugenmerk zur Klassifikation von Verkehrssituationen auf Umgebungsfaktoren, die unterschiedliche Anforderungen an den Fahrer beinhalten. Nach Ansicht der Autoren spielt bei der Bewertung von Verkehrssituationen die subjektive Risikoeinschätzung von Situationen eine entscheidende Rolle. Bei dem Einsatz von ACC-Systemen[3] unterscheiden die Autoren zwischen alltäglichen Verkehrssituationen und Situationen, die vom Fahrzeugführer subjektiv als Grenzsituationen bewertet werden:

> „Eine subjektive Grenzsituation ist dadurch gekennzeichnet, daß der Fahrer aufgrund nicht mehr tolerierbarer Abweichungen zwischen dem wahrgenommenen Verlauf der Zustandsgrößen von Fahrzeug und Umwelt und seiner diesbezüglichen Erwartung eine Änderung der für die momentane Situation geplanten Handlungsfolge für notwendig hält." (S. 124)

Ursachen für Grenzsituationen sind u.a. Fehler in der Informationsaufnahme oder Handlungsplanung, Fehler im Bezug auf die Leistungsmöglichkeiten des Fahrzeugs oder unvorhersehbare Ereignisse, die durch andere Verkehrsteilnehmer entstehen.

Ebenso unterscheiden ROHMERT, BREUER UND BRUDER (1994b) kritische von unkritischen Situationen, wobei in kritischen Verkehrssituationen die potentielle Gefahr vom Fahrer

---

[3] ACC-Systeme (Adaptive Cruise Control) sind im Vergleich zu herkömmlichen Tempomaten nicht nur in der Lage, eine vorgegebene Geschwindigkeit zu halten, sondern der Abstand zu einem vorausfahrenden Fahrzeug kann bemessen und konstant beibehalten werden.

ausgehen oder fahrdynamisch bedingt sein kann. Eine „fahrerbedingt" kritische Situation entsteht, wenn der Kraftfahrer an die Grenzen seines Wollens, Könnens oder Wissens gelangt.

TEIL II: PLANUNG UND UMSETZUNG DER UNTERSUCHUNG

7   Versuchspersonen

Mit dem entwickelten Untersuchungsinstrument sollen Fahrer von Fahrzeugen der mittleren Wagenklasse, die über eine ausreichende Fahrpraxis verfügen, untersucht werden. Fahranfänger und Verkehrsteilnehmer über 65 Jahre wurden daher von der Teilnahme ausgenommen.

7.1   Untersuchungsstichprobe der Pilotstudie

Aus verwaltungstechnischen und wirtschaftlichen Gründen beschränkte sich die Pilotmeßreihe auf eine studentische Versuchspersonenpopulation mit ausreichender Fahrerfahrung (keine Fahranfänger). Der Untersuchungsschwerpunkt dieser Meßphase lag stärker auf der Überprüfung der methodischen Untersuchungsmöglichkeiten als auf der Untersuchung einer umfassenden Stichprobe. Im Laborversuch konnten 17 Datensätze ausgewertet werden, während die Auswertung der Felduntersuchung nur auf sieben Datensätzen basierte, für die artefaktfreie Messungen vorlagen. In der vorliegenden Arbeit findet die Pilotmeßreihe der Felduntersuchung keine Berücksichtigung; die Ergebnisse sind aber bei STEPHAN et al. (1999) aufgeführt.

7.2   Untersuchungsstichprobe der Hauptuntersuchung

Zur Akquisition der Untersuchungsteilnehmer für den Hauptversuch wurde im Kölner Stadtanzeiger am 27.06.1998 ein redaktioneller Beitrag veröffentlicht, in dem die Untersuchung ankündigt wurde. Die Versuchsdurchführung und die Untersuchungsziele wurden inhaltlich erläutert. Es wurde ausdrücklich darauf hingewiesen, daß mehrjährige Fahrpraxis Voraussetzung für die Teilnahme sei. Ein finanzieller Ausgleich für die Aufwendungen der Probanden wurde nicht in Aussicht gestellt.

Das Interesse an der vorliegenden Fragestellung war groß. Es meldeten sich 130 Personen für die zweistündige Untersuchungsteilnahme an. Insgesamt nahmen 100 Probanden an der Untersuchung teil, davon waren waren 65 männlichen und 31 weiblichen Geschlechts. Die Altersverteilung reichte von 21 bis zu 71 Jahren, das durchschnittliche Alter lag bei 43,9 Jahren. Bei 90% der Probanden handelte es sich um routinierte Autofahrer, die seit mindestens 10 Jahren im Besitz des Führerscheins sind.

Tabelle 2: Altersverteilung der Stichprobe

Altersgruppe	Männer	Frauen	gesamt
20-29	10	4	14
30-39	13	11	24
40-49	13	6	19
50-59	21	7	28
60 und älter	7	2	9
ohne Angabe	1	1	2
Gesamt	65	31	96

Die Teilnehmer gaben im Mittel an, jährlich eine Kilometerleistung von 23.000 Kilometern zurückzulegen. Dabei verfügen die männlichen Probanden über erheblich mehr Fahrroutine, die anhand der Variablen Fahrpraxis insgesamt, der jährlichen Fahrleistung und der Besitzdauer des Führerscheins bestimmt wurde. Die Ergebnisse der durchgeführten t-Tests für unabhängige Stichproben ergaben signifikante geschlechtsspezifische Unterschiede bezüglich der genannten Variablen.

Tabelle 3 Geschlechtsspezifische Unterschiede in der Fahrroutine

Variable	Mittelwert Frauen / Männer	Standard-abweichung Frauen / Männer	t-Wert (df)	Signifikanz
Fahrpraxis insgesamt (Kilometer)	193.000 / 1.007.000	139672,28 / 1863649,05	-3,68 (61)	,000**
Jährliche Fahrleistung (Kilometer)	12.800 / 28.100	8662,57 / 20361,35	-5,07 (91)	,000**
Besitzdauer Führerschein (Jahre)	20,2 / 25,2	8,13 / 12,24	-2,31 (81)	,021*

** Wert ist auf dem Niveau $p \leq 0{,}01$ signifikant
* Wert ist auf dem Niveau $p \leq 0{,}05$ signifikant

Hinsichtlich der Fahrzeugnutzung auf den unterschiedlichen Straßentypen unterscheiden sich die männlichen und weiblichen Untersuchungsteilnehmer nicht wesentlich voneinander. Männer befahren geringfügig häufiger die Landstraße, während sich Frauen mehr im Stadtverkehr aufhalten. Die Fahrzeuge werden von 80% der Teilnehmern täglich genutzt, wobei 40% der Fahrten im Stadtverkehr stattfinden, 38% auf der Autobahn und 22% auf Landstraßen.

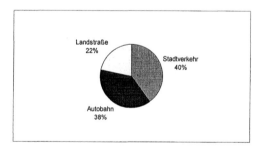

Abbildung 3: Kraftfahrzeugnutzung der Probanden

Signifikant mehr Männer als Frauen besitzen neben dem Führerschein der Klasse III auch den Führerschein der Klasse I und/oder der Klasse II ($p < .01$;Chi-Quadrat-Test).

Beim Kraftfahrtbundesamt sind mehr Männer (15,9%) als Frauen (3,6%) eingetragen. Keine bedeutsamen geschlechtsspezifischen Unterschiede ergeben sich hingegen bei der Unfallbeteiligung. 80% der Untersuchungsteilnehmer gaben an, bereits in einen oder mehrere Unfälle verwickelt gewesen zu sein, wobei es sich bei 2/3 der Fälle lediglich um Unfälle mit Sachschaden handelte.

Bei den von den Probanden privat oder beruflich genutzten Fahrzeugen handelt es sich um Mittelklassewagen mit durchschnittlich 100 PS und 1800 cm³ Hubraum, wobei die männlichen Probanden signifikant PS-stärkere Fahrzeuge führen als die weiblichen Teilnehmer. Auch hinsichtlich des Hubraums der genutzten Fahrzeuge ergab sich ein geschlechtsspezifisch signifikanter Unterschied; die von den Männern genutzten Fahrzeuge verfügen über mehr Hubraum. Weitere signifikant höher ausgeprägte Werte bei den Männern im Vergleich zu den Frauen bestanden hinsichtlich der angegebenen Maximalgeschwindigkeit auf Autobahnen. Weibliche Teilnehmer gaben eine durchschnittliche Maximalgeschwindigkeit von 162 Kilometern in der Stunde an, während die durchschnittlich angegebene Maximalgeschwindigkeit der männlichen Probanden bei 184 Kilometern pro Stunde lag.

Tabelle 4: Geschlechtsspezifische Unterschiede bezüglich des genutzten Kraftfahrzeugs

Variable	Mittelwert Frauen / Männer	Standard- abweichung Frauen / Männer	t-Wert (df)	Signifikanz
PS-Stärke	70,61 / 107,06	27,78 / 49,51	-4,13 (62)	,000**
Hubraum (cm³)	1486,83 / 1875,57	433,23 / 551,51	-2,74 (76)	,008**
Maximalgeschwindigkeit (km/h)	162 / 184	20,74 / 36,72	-3,69 (88)	,000**

** Wert ist auf dem Niveau $p \leq 0,01$ signifikant
* Wert ist auf dem Niveau $p \leq 0,05$ signifikant

Bei der Untersuchungsdurchführung in der Pilotstudie wurde keine biographische Datenerhebung durchgeführt.

8 Versuchsdurchführung

Die vorliegende Untersuchung besteht aus einem Labor- und einem Feldversuch. Während die Fahraufgabe im Laborexperiment an einem Computer simuliert wurde, fand in der Felduntersuchung eine Fahrt im realen Straßenverkehr statt. Die Nebenaufgabe war in beiden Untersuchungsbedingungen identisch.

Als Vorbereitung für die Datenerhebung wurden zur Erfassung der physiologischen Beanspruchung EKG-Elektroden zur Brustwandableitung angelegt und die Reaktionsknöpfe der Nebenaufgabe an den Zeigefingern der Probanden befestigt.

Zu Beginn der Untersuchung wurde den Probanden ein Fragebogen zur Fahrbiographie vorgelegt (vgl. Kap. 13). Nach den Versuchsfahrten im Labor- und Feldexperiment wurde die subjektiv erlebte Beanspruchung ebenfalls mit Hilfe eines Fragebogens erfaßt (vgl. Kap. 14).

Bei der Instruktion der Probanden wurde besonders darauf hingewiesen, daß das Hauptaugenmerk sowohl im Labor- als auch im Feldexperiment schwerpunktmäßig auf die Fahraufgabe, d.h. die Hauptaufgabe, zu richten ist.

Die Reihenfolge der Untersuchungsdurchführung war festgelegt. Um eine potentielle Unfallgefährdung zu vermeiden, sollten sich die Probanden zuerst mit der Nebenaufgabe im Laborversuch vertraut machen. Versuchspersonen, die sich hierbei nicht instruktionsgerecht verhielten, wurden aus Gründen der Verkehrssicherheit von der nachfolgenden Teilnahme an der Felduntersuchung ausgeschlossen.

Die Durchführung der gesamten Untersuchung nahm pro Versuchsperson etwa zwei Stunden in Anspruch.

8.1 Versuchsdurchführung im Labor

Vor der eigentlichen Datenerhebung im Labor wurde eine Übungsphase mit den Versuchspersonen durchgeführt. Dabei hatten die Teilnehmer die Gelegenheit, sich mit der Nebenaufgabe vertraut zu machen. Anschließend wurde die Fahraufgabe in unterschiedlichen Schwierigkeitsstufen mit und ohne Nebenaufgabe eingeübt. Während der Meßphase, die 21,5 Minuten betrug, wurde vom Computer vor jeder neuen Schwierigkeitsstufe die entsprechende akustische Instruktion nochmals detailliert angesagt. Mißverständnisse konnten nach dieser zweimaligen Aufgabeninstruktion nicht beobachtet werden.

8.2 Versuchsdurchführung im Feld

Im Anschluß an die Fahrsimulation wurde den Probanden eine schriftliche Instruktion vorgelegt (vgl. Anhang C), die sich auf das Verhalten im Straßenverkehr bezog und aus der hervorging, daß eine Verkehrsgefährdung auf jeden Fall zu vermeiden ist. Diese Fahrinstruktion wurde von den Versuchspersonen unterschrieben und galt als Einverständniserklärung bezüglich der Untersuchungsbedingungen. Um sicherzustellen, daß alle Untersuchungsteilnehmer in Besitz einer gültigen Fahrerlaubnis waren, wurden die Führerscheine kontrolliert. Danach begab sich der Versuchsleiter gemeinsam mit dem Probanden zum Untersuchungsfahrzeug, der Versuchsleiter nahm als Beifahrer im Auto Platz. Im stehenden Fahrzeug wurde die Nebenaufgabe nochmals erläutert und durchgeführt. Nachdem die Sitzposition eingestellt und die Spiegel angepaßt waren, wurden dem Probanden die Bedienungselemente des Fahrzeugs erklärt. Bei der im Anschluß stattfindenden Probefahrt wurde zunächst die Fahraufgabe separat, d.h. ohne Nebenaufgabe, eingeübt. Wenn Haupt- und Nebenaufgabe vom Probanden fehlerfrei beherrscht wurden, erhielt der Untersuchungsteilnehmer eine positive Rückmeldung und die eigentliche Datenerhebung begann. Die hierzu ausgewählte Strecke führte durch die Kölner Innenstadt (vgl. Kap. 11.2).

Für Probanden, die eine schriftliche Rückmeldung über ihre Leistungen haben wollten, war eine Adressenliste vorbereitet, in die sich die Teilnehmer eintragen konnten.

Das nachfolgende Flußdiagramm (Abb.3) stellt einen Überblick über den gesamten Versuchsablauf dar.

Untersuchungsablauf

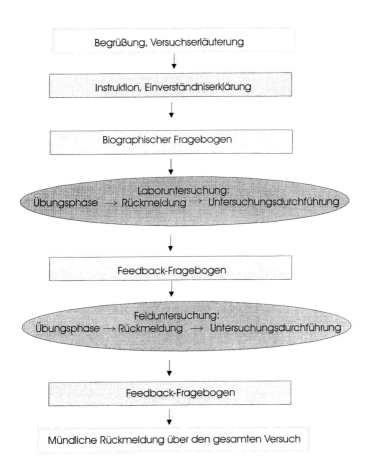

Abbildung 4: Flußdiagramm über den gesamten Untersuchungsablauf

9   Die Nebenaufgabe

Zur Bestimmung der mentalen Auslastung wurde im Labor- und Feldversuch eine Reizdiskriminationsaufgabe als Nebenaufgabe eingesetzt, die den u.a. von FÄRBER (1987) genannten Kriterien für Nebenaufgaben (vgl. Kap. 3.3) weitgehend entspricht, bei der aber durch die visuelle Darstellungsform, Interferenzen mit der akustisch vorgegebenen Fahranweisung vermieden werden. Die visuelle Reizvorgabe der Nebenaufgabe ist wichtig, da sich das Untersuchungsinstrument zukünftig auch für den Untersuchungseinsatz von Informationssystemen eignen sollte, bei denen die Informationen akustisch an den Kraftfahrer gegeben werden, ohne daß Interferenzen zwischen Haupt- und Nebenaufgabe zu erwarten sind.

Bei Reizdiskriminationsaufgaben geht Färber (1987) allgemein davon aus, daß die Bearbeitung dieses Aufgabentyps nur geringe Anforderungen an die kognitive Speicherkapazität stellt und Interferenzen mit der Fahraufgabe daher meist vermieden werden können.

In der vorliegenden Untersuchung war auf unterschiedliche Reizmuster eine Antwortreaktion mit einem Reaktionsknopf an der linken bzw. rechten Hand gefordert. Hierzu wurden Reaktionsknöpfe mit Klettband an den Zeigefingern des Fahrers befestigt, die problemlos mit dem Daumen der entsprechenden Hand bedient werden konnten. Die Anbringung hatte im Vergleich zur Befestigung der Reaktionsknöpfe am Lenkrad den Vorteil, daß sich die Kabelführung beim Drehen des Lenkrads nicht um die Lenksäule wickeln konnte. Außerdem konnten die Reaktionstasten jederzeit sicher lokalisiert werden, auch wenn sich die Position der Hände am Lenkrad veränderte. Die motorischen Anforderungen der Nebenaufgabe wurden dadurch möglichst gering gehalten.

Die unterschiedlichen Reizmuster wurden mit Hilfe von Dioden, die in unterschiedlichen Konstellationen aufleuchteten, dargestellt. Hierzu wurde ein Kästchen mit sieben kreisförmig angeordneten Leuchtdioden konstruiert, das sich im Labor unterhalb des Bildschirms befand, während es im Feldversuch rechts vom Lenkrad auf dem Armaturenbrett angebracht war. Während der Untersuchung leuchteten immer drei Dioden in unterschiedlichen Konstellationen auf. Der Proband hatte je nach Anordnung der aufleuchtenden Dioden den rechten oder linken Reaktionsknopf zu betätigen. Leuchtkonstellationen, die eine gerade Linie bilden, galt es mit dem rechten Reaktionsknopf zu bestätigen. Bei allen anderen Leuchtkombinationen sollte eine Reaktion mit dem linken Reaktionsknopf erfolgen.

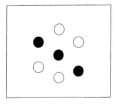 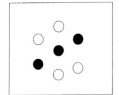 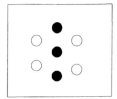

Abbildung 5   Leuchtkombinationen, die mit dem rechten Reaktionsknopf zu beantworten
waren

Die Nebenaufgaben wurden im Self-Pacing-Modus vorgegeben: Nach jeder erfolgten Antwort erschien das nächste Muster, d.h. das Bearbeitungstempo wurde von den Probanden individuell bestimmt. Um eine vermehrte Konzentration auf die möglichst schnelle Bearbeitung der Nebenaufgabe und eine potentielle Verkehrsgefährdung im Feldversuch zu vermeiden, bestand ein Verzögerungsintervall von zwei Sekunden, mit dem das folgende Leuchtmuster vorgegeben wurde.

Die zufallsgesteuerte Vorgabe der Nebenaufgabe und die Registrierung der Antwortreaktionen erfolgte über das VITAPORT. Die VITAPORT-Entwicklungsumgebung stellt eine objektorientierte Programmiersprache (Realtime SPIL) zur Verfügung. Diese ermöglicht die Steuerung komplexer Abläufe. Zur Steuerung der Nebenaufgabe wurde ein Programm zur Generierung der Leuchtmustermatrizen entwickelt. Das entwickelte SPIL Programm steuert die zufällige Verteilung der Reizmuster und gibt nach erfolgter Antwortreaktion das nächste Muster vor. Erfolgt keine Reaktion, wird ein Signalton vorgeschaltet.

10 Beschreibung der Laborparameter

10.1 Versuchsaufbau im Labor

Zur Bestimmung der Restverarbeitungskapazität wurden während der Laboruntersuchung eine Haupt- und eine Nebenaufgabe bearbeitet. Die Hauptaufgabe bestand aus einer Fahraufgabe, die mit Hilfe einer Simulation am Computer durchgeführt wurde. Hierfür wurde eine für Computerspiele vorgesehene dreidimensionale Spielesimulationsoberfläche herangezogen. Ein Rundkurs wurde als Fahrstrecke über computererstellte Polygonzüge bestimmt, auf dem ein simuliertes Fahrzeug mit Hilfe eines Lenkrads bewegt wurde. Der Proband saß während der Laboruntersuchung an einem Tisch, der Blick war auf einen 21 Zoll großen Computerbildschirm gerichtet. Der Abstand zum Bildschirm betrug etwa 120 cm. Auf dem Bildschirm war eine einspurige Straße mit Gegenfahrbahn dargestellt. Zur Bearbeitung der Nebenaufgabe, eine Reizdiskriminationsaufgabe, befand sich ein Kästchen mit kreisförmig angeordneten Leuchtdioden unterhalb des Bildschirms. Unterschiedliche Muster waren mit an den Zeigefingern befestigten Reaktionsknöpfen zu beantworten.

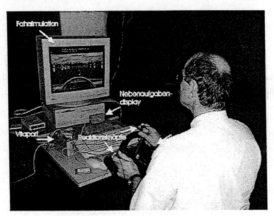

Abbildung 6: Versuchsaufbau im Labor

10.2 Der Fahrsimulator

Zur Erstellung eines geeigneten Simulationsszenarios wurden vielfältige Programmier-
anstrengungen unternommen. Die Bemühungen, eine vollständig neue dreidimensionale
Bildschirmumgebung zu schaffen, scheiterten u.a. an technischen Kapazitäten. Jenseits
der aktuellen Möglichkeiten auf PC-Niveau und Windows-Oberfläche wäre ein leistungs-
fähigerer Rechner benötigt worden, um alle erstellten Objekte gleichzeitig größenskalier-
bar abbilden zu können.

Aus diesem Grund wurde ein geeignetes Simulationsprogramm gesucht, das der Zielset-
zung der Untersuchung bedarfsgerecht angepaßt werden sollte.

Schließlich wurde ein Entwicklungssystem für Videospiele von einer amerikanischen
Softwarefirma herangezogen. Das Simulationsprogramm basiert auf dem Spieleent-
wicklungssystem „gamecode" der Firma Metrowerks und ist vollständig in 'C' pro-
grammiert. Da das System auf einem „3D Engine" basiert und spezielle Bitmapbilder in
Realzeit verarbeitet, ist die Darstellung von Objekten, die aus unterschiedlichen Blickwinkeln betrachtet werden, wie z.b. Straßenmittellinien, schwierig. Die Darstellung von Objekten, die nur aus einer Perspektive gesehen werden, wie z.B. Verkehrsschilder, ist hingegen unproblematisch. Alle Elemente der Simulation wurden per ASCII Datei definiert.
Die Objekte wurden über eine Objektnummer und drei Raumkoordinaten spezifiziert und
an beliebiger Stelle positioniert. Die entwickelte Simulation ist grafisch relativ schlicht und
abstrakt, aber für den Einsatz in der vorliegenden Untersuchung vollkommen ausreichend.
Die Steuerung des simulierten Fahrzeugs erfolgte über ein Lenkrad und Fußpedale der
Firma Trustmaster. Die Fahrsimulation kann sowohl auf Apple Macintosh als auch über
Windows-95 PCs betrieben werden. Während der Simulation wurden die Lenkradaus-
schläge, die Geschwindigkeit, die Brems- und Gaspedalreaktionen, die Streckenposition,
die Nummer des gerade passierten Verkehrsschildes und die Abweichungen von der
Fahrbahnmitte über eine serielle Schnittstelle an den VITAPORT-Rekorder geleitet und
dort gespeichert.

10.3 Die Hauptaufgabe der Laboruntersuchung

Auf dem Bildschirm war eine Fahrbahn zu sehen, die am rechten und linken Rand durch
Seitenpfosten begrenzt war. Im Vordergrund waren ein Lenkrad und der obere Teil eines

Armaturenbrettes abgebildet sowie der Umriß einer Windschutzscheibe. In der linken unteren Ecke befand sich eine digitale Geschwindigkeitsanzeige.

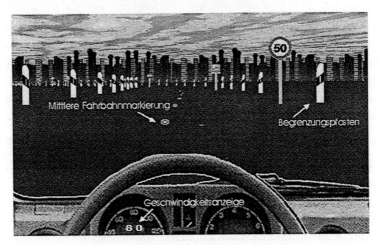

Abbildung 7: Screenshot der Fahrsimulation

Die Hauptaufgabe am Simulator bestand darin, als Fahrzeugführer ein Fahrzeug auf der abgebildeten Straßenmitte zu lenken. In der verkehrspsychologischen Forschung werden häufig vergleichbare Aufgabenstellungen eingesetzt, bei denen das Steuerungsverhalten als Leistungsmaß der Hauptaufgabe gesehen wird (vgl. Kap. 3.2.4).

Abweichungen zum Straßenrand waren in der vorliegenden Untersuchung möglichst zu vermeiden. Für die Abweichung von der Straßenmitte wurde ein Toleranzbereich definiert. Wenn dieser verlassen wurde und ein Begrenzungspfosten oder Straßenschild angefahren wurde, wies ein akustisches Signal auf den Fehler hin. Probanden, die diesen Toleranzbereich während der Untersuchung mehrfach verließen, nahmen an dem anschließenden Feldexperiment nicht teil und blieben bei der Datenauswertung unberücksichtigt. Dieses Vorgehen diente zum einen dazu, Probanden, die eine Gefährdung des Straßenverkehrs im Feldexperiment darstellen könnten, frühzeitig auszuschließen, und zum anderen konnten so Extremmessungen, die das Untersuchungsergebnis verzerren würden, vermieden werden.

Die Fahraufgabe variierte hinsichtlich unterschiedlicher Schwierigkeitsstufen, die im folgenden aufgeführt sind.

10.3.1 Schwierigkeitsstufen der simulierten Fahraufgabe in der Pilot- und Hauptuntersuchung

Der erste Teil der Laboruntersuchung wurde sowohl in der Pilotphase als auch in der Hauptuntersuchung durchgeführt. Hierbei konnte die simulierte Geschwindigkeit von den Probanden nicht selbst bestimmt werden, sondern war in jeder Schwierigkeitsstufe konstant vorgegeben. Das Fahrtempo betrug 40 bzw. 80 Kilometer pro Stunde. Neben der Erhöhung der Schwierigkeit durch eine höhere Geschwindigkeit wurde die Komplexität der Fahraufgabe durch unterschiedliche Verkehrszeichen, die sich am rechten Fahrbahnrand befanden, variiert.

Auf bestimmte Verkehrsschilder, die in der vorherrschenden Situation relevant waren, hatten die Probanden die Bremse zu betätigen. Hierzu befand sich ein Bremspedal am Fußboden. Jede erfolgte Bremsreaktion wurde durch ein Bremsgeräusch bestätigt, wobei die simulierte Fahrtgeschwindigkeit unbeeinflußt blieb. Fand keine Bremsreaktion statt, ertönte kurz darauf ein Warnton, der auf das Versäumnis aufmerksam machte.

Andere Verkehrszeichen, die in der jeweiligen Situation bedeutungslos waren, sollten von den Untersuchungsteilnehmern ignoriert werden und zu keiner Reaktion führen.

Die verwendeten Verkehrszeichen wurden bezüglich ihrer Verhaltensrelevanz in drei Klassen unterteilt[4].

---

[4] Die gewählte Klassifikation entspricht nicht den Richtlinien des BMV.

1. Klasse: Einfache Hinweisschilder

Als Hinweisschilder kamen „Ankündigung eines Parkplatzes", „Hupen verboten" und „Parkverbot" in der Fahrsimulation vor. Da diese Schilder für das Befahren der angezeigten Strecke bedeutungslos waren, hatte hierauf keine Bremsreaktion zu erfolgen.

Abbildung 8: Einfache Hinweisschilder

2. Klasse: Achtungschilder

Auf alle Achtungschilder galt es mit einer Bremsreaktion zu reagieren. Im Simulationsprogramm waren zu diesem Zweck Stopschilder und Schilder, die einen Fußgängerüberweg anzeigten, integriert.

Abbildung 9: Achtungschilder

3. Klasse: Schilder mit einer zulässigen Höchstgeschwindigkeit

Nach einem Vergleich mit der aktuell gefahrenen Geschwindigkeit hatte eine Bremsreaktion zu erfolgen, wenn die zulässige Höchstgeschwindigkeit überschritten wurde.

Abbildung 10: Geschwindigkeitsbegrenzungsschilder

Für die Auswertung der Bremsreaktionen wurde ein konstantes Zeitintervall nach dem Passieren eines Verkehrszeichens definiert. Bremsreaktionen, die als richtige Reaktionen in die Auswertung eingingen, mußten innerhalb dieses definierten Zeitintervalls erfolgt sein.

10.3.2 Ergänzende Schwierigkeitsstufen der Hauptuntersuchung

Der zweite Teil der Fahrsimulation, der nur bei der Hauptuntersuchung durchgeführt wurde, diente als Erweiterung der Aufgabenanforderungen des ersten Teils des Laborversuchs. Die Geschwindigkeit wurde hierbei nicht mehr konstant vorgegeben, sondern die Probanden regulierten die simulierte Geschwindigkeit mit einem am Fußboden installierten Gas- und Bremspedal. Beide wurden - vergleichbar mit der tatsächlichen Fahrtätigkeit - mit dem rechten Fuß bedient. Die Nebenaufgabe war während des gesamten zweiten Teils zusätzlich zu bearbeiten. Analog zum ersten Teil der Laboruntersuchung unterschieden sich die einzelnen Situationen hinsichtlich des Schwierigkeitsgrades in der Fahraufgabe. Um sich mit dem Umgang von Gaspedal und Bremse vertraut zu machen, sollten die Probanden die vorgegebene Fahrtstrecke zunächst so schnell, wie es ihnen möglich war, durchfahren. Hierbei war lediglich darauf zu achten, daß das Fahrzeug auf der Straßenmitte bewegt wurde. In der nachfolgenden Schwierigkeitsstufe bestand die Fahraufgabe darin, die zulässige Höchstgeschwindigkeit, die auf den Verkehrszeichen angezeigt war, nicht zu überschreiten. Als Verkehrszeichen wurden lediglich Hinweisschilder, die eine zulässige Höchstgeschwindigkeit anzeigten, abgebildet. Die Probanden sollten die angezeigten zulässigen Höchstgeschwindigkeiten von 50 bzw. 80 Kilometern in der Stunde nicht überschreiten.

Ein Überblick über den Aufbau der Fahrsimulation findet sich in der folgenden Tabelle:

Tabelle 5: Übersicht der Schwierigkeitsstufen der Fahrsimulation

Teil 1	Geschwindigkeit	Nebenaufgabe	Verkehrszeichen
Situation 1	40 km/h	ohne	Ohne
Situation 2	80 km/h	ohne	Ohne
Situation 3	40 km/h	mit	Ohne
Situation 4	80 km/h	mit	Ohne
Situation 5	40 km/h	mit	Schilder aller 3 Klassen
Situation 6	80 km/h	mit	Schilder aller 3 Klassen
Teil 2	Geschwindigkeit	Nebenaufgabe	Verkehrszeichen
Situation 7	Geschwindigkeit von Probanden bestimmt	mit	Ohne (ein möglichst hohes Fahrtempo ist zu erzielen)
Situation 8	Geschwindigkeit von Probanden bestimmt	mit	Geschwindigkeitsbegrenzung von 50 km/h
Situation 9	Geschwindigkeit von Probanden bestimmt	mit	Geschwindigkeitsbegrenzung von 80 km/h

Die Aufgabenstellung wurde durch die zunehmende Komplexität und die unterschiedlichen Geschwindigkeitsvorgaben variiert. Die Komplexität der Fahraufgabe resultierte aus der Vorgabe unterschiedlicher Verkehrsschilder, auf die verschiedene Verhaltensweisen zu erfolgen hatten. Zusätzlich wurde die Fahrgeschwindigkeit verändert, womit gerade die Anforderung des Spurhaltens erschwert werden sollte. Während es sich bei der Differenzierung und Beachtung der unterschiedlichen Verkehrszeichen vornehmlich um eine kognitive Anforderung handelte, betrafen die Veränderungen des Fahrtempos schwerpunktmäßig die motorische Anforderung des Spurhaltens.

11 Die Parameter der Felduntersuchung

11.1 Versuchsaufbau im Feldversuch

Die Fahraufgabe im Feldversuch bestand darin, eine festgelegte Teststrecke ohne zeitliche Vorgabe mit dem Untersuchungsfahrzeug zu befahren, wobei das Fahrverhalten dem in der Fahrschule vermittelten Verhalten entsprechen sollte und Verkehrsgefährdungen unbedingt zu vermeiden waren. Das Display mit den eingelassenen Leuchtdioden war mit Klettband links auf dem Armaturenbrett befestigt. Äquivalent zum Untersuchungsaufbau des Laborexperiments befanden sich auch in der Felduntersuchung die Leuchtdioden der Nebenaufgabe nicht im direkten Blickfeld der Untersuchungsteilnehmer. Die Reaktionsknöpfe waren an den Zeigefingern befestigt, die Kabel der Reaktionsknöpfe waren mit Klettmanschetten am Unter- und Oberarm befestigt.

Abbildung 11: Untersuchungsaufbau im Kraftfahrzeug

Zu Beginn der Felduntersuchung wurde eine Proberunde mit mehreren Abbiegemanövern und ein Ein- und Ausparkmanöver gefahren. Hierbei hatten die Probanden Gelegenheit, sich mit dem Fahrzeug vertraut zu machen. Die Nebenaufgabe wurde erst im Anschluß an die Proberunde, bei der eigentlichen Datenerhebung, vorgegeben. Vor dem Beginn der eigentlichen Untersuchungsfahrt wurde nochmals darauf hingewiesen, daß dem Straßenverkehr absolute Priorität einzuräumen sei. Nach der Überprüfung der Meßinstrumente und der Datenaufzeichnung begann die eigentliche Datenerhebung. Die Fahrtroute wurde dem Probanden durch den beifahrenden Versuchsleiter mitgeteilt.

11.2 Untersuchungsstrecke

Vor dem Hintergrund der Erfahrungen, die in der verkehrspsychologischen Literatur berichtet werden (vgl. Kap. 6), wurde davon ausgegangen, daß von sehr punktuellen und kurzzeitigen Belastungsspitzen abgesehen (Beispiel: Auffahrt auf eine dicht befahrene Schnellstraße) die komplexesten Fahrszenarien im Stadtverkehr zu erwarten sind. Insbesondere im komplexen Kölner Stadtgebiet wurden besondere Anforderungen an den Fahrer erwartet.

Basierend auf dem am psychologischen Institut entwickelten Kölner Fahrverhaltens-Test (K-F-V-T) von KROJ und PFEIFFER (1973) wurde eine 9,6 Kilometer lange Versuchsstrecke durch die Kölner Innenstadt ausgewählt. Bei geringem Verkehrsaufkommen betrug die Fahrzeit ca. eine halbe Stunde.

Die in der Abbildung 11 eingezeichnete Untersuchungsstrecke enthält mehrere Rechts- und Linksabbiegemanöver sowie notwendige Spurwechsel.

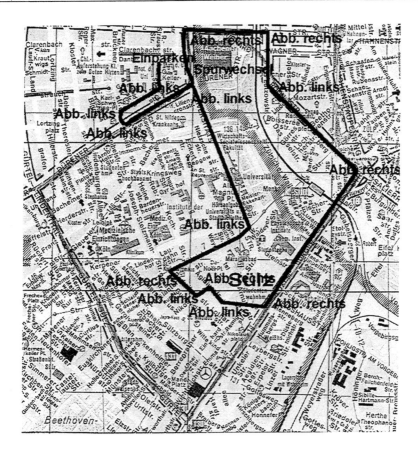

Abbildung 12:   Kartenausschnitt aus dem Kölner Stadtplan mit eingezeichneter
Untersuchungsstrecke

Die im folgenden beschriebenen unterschiedlichen Situationsklassen wurden vom Beifahrer über ein Eingabepanel mit fünf nichtrastenden Drucktasten registriert. Mit Hilfe eines High-Speed-Interface wurden die Datenimpulse an das VITAPORT weitergeleitet.

11.3 Situationsklassifikation der Untersuchungsfahrt

Innerhalb der Verkehrspsychologie wurden unterschiedlich komplexe Situationsklassifikationsschemata entwickelt, die die Beurteilung des Fahrerverhaltens unter Be-

- 63 -

rücksichtigung der vorherrschenden Verkehrssituation ermöglichen sollen. FASTENMEIER (1995) geht davon aus, daß die kognitiven Anforderungen, die an den Fahrer gestellt werden, im entscheidenen Maße vom Komplexitätsgrad der Verkehrssituation und den damit einhergehenden Fahrzeugbedientätigkeiten abhängen. Neben den objektiven Situationsumständen muß aber auch das subjektive Erleben der Verkehrssituation durch den Kraftfahrer berücksichtigt werden (vgl. Kap. 6.2.3).

Das in der vorliegenden Untersuchung entwickelte Situationsklassifikationsschema basiert auf einer überschaubaren Anzahl von Kategorien, um den praktikablen Einsatz des Untersuchungsinstruments im Straßenverkehr zu gewährleisten. In der Untersuchung wurden fünf grundlegende Situationsklassen unterschieden, die in der folgenden Abbildung dargestellt sind.

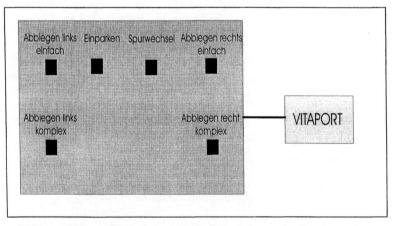

Abbildung 13: Schematische Darstellung der Tastenbelegung des Eingabepanels

Im Rahmen der Vorversuche haben zahlreiche Fahrten in der Kölner Innenstadt gezeigt, daß sich Abbiegevorgänge deutlich hinsichtlich ihrer Komplexität unterscheiden. In der vorliegenden Untersuchung werden die Abbiegemanöver daher nach rechts und links in „einfach" und „komplex" aufgesplittet.

Als "einfach" sind alle Situationen definiert, bei denen keine besonderen Vorkommnisse zu erwarten sind, wie beispielsweise ein ampelgeregeltes Abbiegemanöver, bei dem keine zusätzlichen Verkehrswege (Radwege, Fußgängerüberwege) gekreuzt werden. Als „komplex" wurden hingegen alle Situationen bewertet, die neben der Bewältigung des Abbiegevorgangs zusätzliche Aufmerksamkeit von Seiten des Fahrers erfordern. Das ist beispielsweise notwendig, wenn Vorfahrtsregelungen beachtet werden müssen und Verkehrswege anderer Verkehrsteilnehmer gekreuzt werden.

Ein Vorteil des übergeordneten Kategoriensystems, im Vergleich zu einer fest definierten Streckenführung liegt darin, daß unterschiedliche Strecken anhand der definierten Kategorien untersucht werden können.

11.4 Untersuchungsfahrzeug

Für die Untersuchungsdurchführung wurde von der Firma OPEL AG ein serienmäßiger, fabrikneuer OPEL VECTRA 2, 16 V (EZ 11/97) zur Verfügung gestellt. Dieses Fahrzeug war mit knapp 2000 cm³ und 100 kW Leistung ausgestattet und entsprach damit einem repräsentativen Mittelklassefahrzeug. Da die Versuchsgeräte optisch unauffällig im Fahrzeug angebracht waren, kann davon ausgegangen werden, daß es keine ungewöhnliche Reaktionen anderer Verkehrsteilnehmer auf das Versuchsfahrzeug gab.

12 Messung der physiologischen Parameter

Als physiologisches Maß der Beanspruchung wurden in der Labor- und Felduntersuchung das EKG der Probanden mit drei Brustelektroden (Eindthoven I Ableitung) erhoben. Die Meßwerte wurden vom VITAPORT-Rekorder sowohl als Roh-EKG als auch als Herzrate (Schläge pro Minute) gespeichert. Als physiologischer Beanspruchungsparameter wurde aber lediglich die Herzrate herangezogen. Für die Wahl dieses physiologischen Beanspruchungsindikators sprechen u.a. die Ergebnisse von KÜTING (1977) und von FELNÈMETI und BOON-HECKL (1985) (vgl. Kap. 2.1).

13 Fragebogen zur Erfassung biographischer Daten

Mit einem biographischen Fragebogen[5] wurden Angaben zum Alter und Geschlecht erfaßt, aber auch die erworbenen Führerscheinklassen, die Dauer des Führerscheinbesitzes sowie die durchschnittlich zurückgelegte Kilometerleistung wurden erfaßt. Außerdem wur-

---

[5] Der Fragebogen zur Erfassung der biographischen Daten ist im Anhang unter A dargestellt.

den die Probanden nach der Art und Häufigkeit der Kraftfahrzeugnutzung sowie ihrem gewöhnlich genutzten Fahrzeugtyp befragt (vgl. Kap. 5). Zusätzlich wurden einige Fragen bezüglich des Fahrverhaltens gestellt, bei denen die üblicherweise gewählte Maximalgeschwindigkeit auf Autobahnfahrten angegeben werden sollte, die Anzahl und Art stattgefundener Unfälle sowie eventuelle Eintragungen beim Kraftfahrtbundesamt.

14 Fragebogen zur Erfassung der subjektiv erlebten Beanspruchung

Ausgehend von der Annahme, daß die Versuchspersonen in der Lage sind, ihre Beanspruchung durch die Untersuchung selbst einzuschätzen, wurde den Probanden im Anschluß an die Labor- und Felduntersuchung ein eigens hierfür konstruierter Feedback-Fragebogen[6] vorgelegt, mit dem die subjektiv empfundene Aufgabenschwierigkeit der Haupt- und Nebenaufgabe erfaßt wurde (vgl. Kap. 4). Mit dem Meßinstrument wurde zum einen die subjektive Bewertung der Aufgabenschwierigkeit bestimmt (Bsp. „Die Fahraufgabe war gut vs. schlecht zu bearbeiten), als auch das subjektive Erleben der Aufgabenbearbeitung (Bsp. „Die Beantwortung der Lichtsignale war für mich ermüdend vs. nicht ermüdend"). Hinsichtlich der einzelnen Untersuchungsaufgaben wurden die jeweils 6 Items auf einer 4-stufigen Likert-Skala eingestuft.

Die Fahraufgabe der Untersuchung fand ich anstrengend   ☐ ☐ ☐ ☐ nicht anstrengend

Ich fühlte mich dabei überfordert   ☐ ☐ ☐ ☐   unterfordert.

Abbildung 14 Ausschnitt aus dem Feedback-Fragebogen zur Erfassung der subjektiv erlebten Beanspruchung

---

[6] Der Feedback-Fragebogen zur Erfassung der subjektiv erlebten Beanspruchug ist im Anhang unter B aufgeführt.

15 Die Datenaufzeichnung mit dem VITAPORT - Rekorder

Die Vorgabe der Nebenaufgabe, die Messung der Entscheidungszeiten sowie die Aufzeichnung der physiologischen Daten erfolgte mit der Standardsoftware des VITAPORTs. Entwickelt wurde der VITAPORT-Rekorder am Kölner Psychologischen Institut zur Aufzeichnung physiologischer Daten in der experimentellen Medizin und Psychologie. JAIN, MARTENS, MUTZ, WEIß & STEPHAN (1996) beschreiben den genauen Aufbau und die Anwendungsmöglichkeiten dieses Systems.

Der Rekorder besteht aus einem Microprozessor mit 1 MB RAM sowie einem Universalverstärkermodul für beliebige AC- oder DC- Signale bzw. direkte Verstärkung der Biosignale, wie beispielsweise EKG. Die erfaßten Daten wurden in den Versuchsreihen auf 4 MB Speicherkarten festgehalten. Das Gerät wird über 4 Mignon Akkus betrieben, was den portablen Einsatz im Fahrzeug erleichtert.

Um die Sicherheit der Versuchspersonen zu gewährleisten, erfolgte die Verbindung von Computer und Meßgerät im Laborexperiment über ein Interface.

Im Feldversuch wurden die Verkehrssituationen vom Versuchsleiter über Markertasten in das VITAPORT eingegeben. Auch die zufallsgesteuerte Vorgabe der Nebenaufgabe sowie die erfolgten Antwortreaktionen der Untersuchungsteilnehmer im Labor- und Feldversuch wurden im Rekorder gespeichert.

Bei der Laboruntersuchung war das VITAPORT mit dem Steuerrechner verbunden. Aufgezeichnet wurden: Fahrzeugposition, Verkehrszeichen, Lenkradstellung und Pedalreaktionen.

16 Untersuchungshypothesen

Ziel der vorliegenden Untersuchung ist zum einen die zuverlässige Messung der mentalen Beanspruchung durch eine Fahraufgabe im Labor- und Feldversuch. Darüber hinaus steht im Mittelpunkt die Vorhersage der zu erwartenden Beanspruchung im Feldversuch auf Grundlage der erhobenen Laborleistung. Dementsprechend werden die Voraussetzungen für eine zuverlässige Vorhersagemöglichkeit untersucht, indem die einzelnen Beanspruchungsindikatoren im Labor- und Feldversuch sowie die Leistungen der Hauptaufgabe im

Laborexperiment in Abhängigkeit von den unterschiedlichen Versuchssituationen bestimmt werden.

16.1 Hypothesen der Laboruntersuchung

Ausgehend von dem in Kapitel 3.1.1 beschriebenen Rahmenmodell zur elementaren und komplexen menschlichen Informationsverarbeitung (MEKIV) von HUSSY (1998), bei dem von einer begrenzten Informationsverarbeitungskapazität des Arbeitsgedächtnisses ausgegangen wird, ist zu erwarten, daß die mentale Verarbeitungskapazität bei der Bearbeitung einer Aufgabe mit steigendem Komplexitätsgrad zunehmend ausgeschöpft wird. Daraus folgt, daß die simultane Bearbeitung von zwei Aufgaben zu einer Leistungsabnahme in mindestens einer Aufgabe führt, wenn durch die Bearbeitung der Aufgabenstellungen die maximale mentale Informationsverarbeitungskapazität überschritten wird. Experimentell hat sich der Einsatz von Doppelaufgaben in der verkehrspsychologischen Forschung zur Erfassung der mentalen Verarbeitungskapazität bewährt (vgl. u.a. WIEGAND, 1991; HARMS, 1991). Dabei wird die mentale Restverarbeitungskapazität anhand der Leistungen in der Nebenaufgabe erfaßt, deren Ausführung gegenüber der Hauptaufgabe keine Priorität eingeräumt wird (vgl. Kap. 3.1.2).

Diese Untersuchungsmethode wurde auch im vorliegenden Experiment eingesetzt, wobei von einem kausalen Zusammenhang zwischen der Aufgabenschwierigkeit in der Hauptaufgabe und dem Leistungsniveau der Nebenaufgabe ausgegangen wird. Mit zunehmender Komplexität und Schwierigkeit der simulierten Fahraufgabe wird eine Verlängerung der Entscheidungszeiten bei der Bearbeitung der Nebenaufgabe erwartet.

> Hypothese A: Mit zunehmender Komplexität und Schwierigkeit der Hauptaufgabe im Laborversuch nehmen die Leistungen in der Nebenaufgabe ab.

In der Verkehrspsychologie werden vielfach auch physiologische Maße zur Beanspruchungsmessung eingesetzt (vgl. PFENDLER, 1982; FÄRBER & FÄRBER, 1988), wobei sich die Herzschlagfrequenz als gut zu erhebendes und interpretierbares Beanspruchungsmaß erwiesen hat, das für die Differenzierung unterschiedlicher Beanspruchungen gut geeignet ist (vgl. Kap. 2.1).

Auch in der vorliegenden Untersuchung wurde zusätzlich zur mentalen Beanspruchung die Herzrate als physiologischer Beanspruchungsparameter erhoben. Dabei wird angenommen, daß sich die unterschiedlichen Belastungsgrade der Fahrsimulation anhand der ermittelten Herzrate differenzieren lassen. Es wird von einem kausalen Zusammenhang zwischen der Schwierigkeit und Komplexität der Hauptaufgabe und der gemessenen Beanspruchung ausgegangen. Eine vermehrte Beanspruchung durch die Bearbeitung der Hauptaufgabe soll sich demnach in einer erhöhten Herzrate niederschlagen.

Hypothese B:	Mit zunehmender Schwierigkeit und Komplexität der Aufgabenstellung der Hauptaufgabe im Laborversuch erhöht sich die mittlere Herzrate.

In verkehrspsychologischen Laborexperimenten besteht die Hauptaufgabe häufig aus einer Lenkaufgabe, die am Fahrsimulator durchgeführt wird (vgl. Kap. 3.2.3). Auch PFENDLER (1982) setzte in seiner Laboruntersuchung eine derartige Lenktätigkeit als Hauptaufgabe ein, wobei er feststellte, daß die Beanspruchung bei dieser Tätigkeit in Abhängigkeit von der Geschwindigkeit, dem Streckenverlauf und der Übung der Probanden variiert. GOPHER & NAVON (1980) kamen bei der von ihnen konzipierten Trackingaufgabe zu dem Ergebnis, daß diese Aufgabenstellung sowohl kognitive als auch motorische Anforderungen beinhaltet.

In der vorliegenden Untersuchung wurden die Schwierigkeitsstufen der Hauptaufgabe in zweifacher Weise variiert. Im Verlauf des ersten Teils des Experiments nahm die Komplexität der Aufgabenstellung zu: Unterschiedliche Verkehrzeichen, auf die verschiedene Handlungen zu erfolgen hatten, erforderten Entscheidungsprozesse, die die kognitiven Anforderungen erhöhten. Parallel dazu wechselte die vorgegebene Geschwindigkeit von einem langsameren Fahrtempo zu einem schnelleren, wobei davon ausgegangen wird, daß exakte Lenkbewegungen bei einer höheren Geschwindigkeit schwerer ausführbar sind, als bei einem geringeren Fahrtempo. Im zweiten Teil der Untersuchung wurde die Fahrgeschwindigkeit hingegen von den Versuchspersonen bestimmt, unterschiedliche Höchstgeschwindigkeiten sollten dabei nicht überschritten werden (vgl. Kap. 10.3.1).

Bei der Hauptaufgabe wird generell unterschieden zwischen der Aufgabenschwierigkeit, die durch das simulierte Fahrtempo bestimmt wird, und der Aufgabenkomplexität, die in Abhängigkeit von den zu berücksichtigten Informationen variiert.

Maßgeblich wird ein Einfluß des Fahrtempos auf die Leistungen in der Hauptaufgabe erwartet, die durch die lateralen Abweichungen von der Fahrbahnmitte ermittelt werden. Es wird von einem kausalen Zusammenhang zwischen der simulierten Geschwindigkeit und den lateralen Abweichungen von der Fahrbahnmitte ausgegangen.

> Hypothese C: Eine Erhöhung der Aufgabenschwierigkeit (simulierte Fahrgeschwindigkeit) führt zu Leistungseinbußen in der Hauptaufgabe.

PFENDLER (1982) untersuchte verschiedene Beanspruchungsparameter hinsichtlich der klassischen Testgütekriterien und kam bei einer Untersuchung der Retest-Reliabilität zu dem Ergebnis, daß die von ihm eingesetzte Nebenaufgabe über eine zufriedenstellende Zuverlässigkeit verfügt (vgl. Kap. 3.2.3.3).

Von der Untersuchungsmethode der vorliegenden Studie wird ebenfalls eine zuverlässige Messung der mentalen Beanspruchung erwartet. Dementsprechend soll eine Gegenüberstellung der Daten aus der Pilot- und Hauptuntersuchung eine hohe Übereinstimmung bezüglich der Leistungsmaße in den beiden Untersuchungssituationen belegen.

> Hypothese D: Die Testwiederholung des Laborexperiments bestätigt statistisch relevante Zusammenhänge zwischen den Leistungsmaßen in der Hauptuntersuchung und der Pilotstudie.

Für die Felduntersuchung wurde keine entsprechende Hypothese formuliert, eine Reliabilitätsstudie der Felduntersuchung findet sich aber bei STEPHAN et al. (1999).

16.2 Hypothesen der Felduntersuchung

Um Fahrverhalten beurteilen zu können, muß es immer im Zusammenhang mit der Verkehrssituation und den daraus resultierenden Anforderungen und Beanspruchungen für den Kraftfahrer gesehen werden (vgl. Kap. 6). Nach FASTENMEIER (1995) ergibt sich die

Komplexität von Verkehrssituationen aus dem Ausmaß der geforderten Informationsverarbeitung sowie aus der notwendigen Fahrzeugbedientätigkeit (vgl. Kap. 6.2.3).

In der beschriebenen Felduntersuchung wurde zwischen dem normalen Geradeausfahren und verschiedenen Fahrmanövern wie Einparken, Spurwechsel oder Abbiegevorgängen unterschieden. Zusätzlich fand die Komplexität der Verkehrssituation bei den Abbiegevorgängen Berücksichtigung (vgl. Kap. 11.3). Postuliert wurde bei komplexen Abbiegevorgängen eine stärker ausgeschöpfte mentale Informationsverarbeitungskapaziät als bei weniger komplexen Abbiegemanövern. Dies sollte mit einer vergleichsweise geringeren Restverarbeitungskapazität einhergehen, wodurch als Folge bei komplexen Abbiegevorgängen auch geringere Leistungen in der Nebenaufgabe erzielt werden als beim Abbiegen in weniger komplexen Verkehrssituationen.

> **Hypothese E:** Bei komplexen Abbiegevorgängen sind die Leistungen in der Nebenaufgabe geringer als bei Abbiegevorgängen, die als einfach klassifiziert wurden.

Auf der Basis unterschiedlicher verkehrspsychologischer Studien, in denen kardiovaskuläre Maße als physiologische Beanspruchungsparameter erfolgreich eingesetzt wurden (vgl. BROOKHUIS & DE WAARD 1993; FELNÉMETI & BOON-HECKL, 1985), wird für die Felduntersuchung - analog zum Laborszenario - eine zunehmende Herzfrequenz bei steigender Situationskomplexität angenommen. Es wird von einem kausalen Zusammenhang zwischen der mittleren Herzrate und der Situationskomplexität ausgegangen: Bei komplexen Abbiegevorgängen wird eine stärkere physiologische Beanspruchung erwartet als bei Abbiegemanövern, die als weniger komplex klassifiziert wurden. Diese vermehrte Beanspruchung der Probanden soll anhand einer höheren Herzrate abbildbar sein.

> **Hypothese F:** Die mittlere Herzrate der Untersuchungsteilnehmer ist bei komplexen Abbiegemanövern höher ausgeprägt als bei Abbiegevorgängen, die als einfach klassifiziert wurden.

16.3 Hypothesen zur Prädiktion der Feldparameter

Nicht alle Fragestellungen innerhalb der Verkehrspsychologie werden durch Feldstudien im realen Straßenverkehr untersucht. Für einige Untersuchungsgegenstände bieten sich Laborexperimente an, die in der Regel dem Feldversuch vorgeschaltet werden (vgl. Kap. 3.2). Bei diesem Vorgehen konnten die Autoren des FAT-Projekts (1978, 1979) zeigen, daß die Ergebnisse der von ihnen durchgeführten Beanspruchungsmessung im Labor- und Feldversuch prinzipiell vergleichbar sind. In beiden Untersuchungen konnten durch die Detektionsrate peripherer Lichtreize unterschiedliche Belastungsgrade differenziert werden (vgl. Kap. 3.2.3.1).

Auch für die vorliegende Studie wird angenommen, daß die mentale Beanspruchungsmessung im Labor- und Feldversuch vergleichbar ist und daß darüber hinaus die im Laborversuch ermittelte kognitive Leistungsfähigkeit der Untersuchungsteilnehmer als Grundlage dienen kann, um die zu erwartende kognitive Beanspruchung im Feldversuch vorherzusagen.

> **Hypothese G:**   Die zu erwartende kognitive Beanspruchung in der Felduntersuchung läßt sich aufgrund der Leistungen in der Nebenaufgabe des Laborexperiments vorhersagen.

Auch in bezug auf den physiologischen Beanspruchungsindikator wird eine Vorhersagemöglichkeit der zu erwartenden physiologischen Beanspruchung im Feldversuch auf Grundlage der erhobenen Herzrate im Laborexperiment angenommen. Bei JAIN (1995) wird die Möglichkeit in Betracht gezogen, die alltagsrelevante Reaktivität mit einer einmaligen Bestimmung der kardiovaskulären Parameter unter standardisierten Laborbedingungen, valide zu bestimmen (vgl. Kap. 2.1).

> **Hypothese H:**   Die zu erwartende physiologische Beanspruchung im Feldversuch ist aufgrund der erhobenen Herzrate im Laborexperiment vorhersagbar.

Wie in Kapitel 3.1.2 erläutert, ist das instruktionsgerechte Untersuchungsverhalten der Probanden eine wichtige Voraussetzung für die experimentelle Umsetzung von Doppelaufgaben. Nur wenn sichergestellt ist, daß die Probanden ihren Bearbei-

tungsschwerpunkt zu Gunsten der Hauptaufgabe gewählt haben, kann davon ausgegangen werden, daß die Leistungen in der Nebenaufgabe aus der noch vorhandenen
mentalen Restverarbeitungskapazität resultieren (ODGEN, LEVINE & EISNER, 1979)

In der vorliegenden Untersuchung werden die Probanden instruiert, ihr Hauptaugenmerk
auf die Bearbeitung der Hauptaufgabe zu richten und die Nebenaufgabe ausschließlich zu
bearbeiten, wenn sie über die exakte Ausführung der Hauptaufgabe hinaus noch dazu in
der Lage sind. Bei einer Vernachlässigung der Versuchsinstruktion wird vermutet, daß
sich die Leistungen der Nebenaufgabe nicht mehr eindeutig auf die verbleibende Restverarbeitungskapazität der Probanden zurückführen lassen. Für Versuchspersonen, die sich
über das gesamte Laborexperiment konstant instruktionsgerecht verhalten haben, werden
daher exaktere Prädiktionsmaße für die zu erwartende Leistung im Feldexperiment angenommen.

Hypothese J: Bei Probanden, die sich im Laborversuch instruktionsgerecht verhalten haben, sind die zu erwartenden
Leistungen in der Nebenaufgabe für den Feldversuch zuverlässiger vorhersagbar als bei Versuchspersonen, die
weniger instruktionsgerechtes Verhalten erkennen ließen.

16.4 Weiterführende Forschungsfragen

Weitere Fragen, denen im Rahmen der vorliegenden Untersuchung nachgegangen wird,
beziehen sich auf den biographischen Hintergrund der Versuchspersonen und auf die
subjektiv empfundene Beanspruchung während der Untersuchungsdurchführung.

FÄRBER & FÄRBER (1988) konnten deutliche Alterseffekte bei der Beantwortung von Fragen feststellen. Ältere Probanden reagierten langsamer und wiesen eine höhere Fehlerhäufigkeit auf als jüngere Untersuchungsteilnehmer (vgl. Kap. 5.1). Davon ausgehend
wird auch in der vorliegenden Arbeit erwartet, daß die kognitiven Leistungen in der Nebenaufgabe mit zunehmendem Alter nachlassen. Dementsprechend wird hinsichtlich der
subjektiv eingeschätzten Beanspruchung erwartet, daß sich ältere Untersuchungsteilnehmer stärker beansprucht fühlen als jüngere Probanden. Dieser Unterschied ist vor allem für die Laboruntersuchung zu erwarten, da in diesem Unter-

suchungsteil nicht auf bestehende Fahrerfahrung zurückgegriffen werden kann (vgl. Kap.5.3).

Statistisch bedeutsame Geschlechtsunterschiede hinsichtlich der Leistungen in der Haupt- und Nebenaufgabe werden nicht vermutet, auch bezüglich der subjektiv eingeschätzten Beanspruchung in der Labor- und Felduntersuchung werden keine geschlechtsspezifischen Unterschiede angenommen.

17 Datenaufbereitung und -auswertung

Nach der Untersuchungsdurchführung wurden die erhobenen Daten, die sich auf der Speicherkarte befanden, mit dem Programm „VITAGRAPH" ausgelesen, dekodiert und auf der Festplatte eines Rechners gespeichert. Für jede Versuchsperson fielen im Labor- und Feldversuch jeweils eine VITAPORT-Rohdatendatei (*.vpd) an. Im Labor wurde pro Versuchsperson für die Rohdaten eine Speicherkapazität von 1,1 Mbyte beansprucht. Im Feldexperiment umfaßte der Speicherbedarf je nach Versuchsdauer zwischen 660 und 890 Kbyte. Visuell konnten die einzelnen Datenkanäle in einer Zeitreihe dargestellt werden. Jede einzelne Datei wurde in einem ersten Arbeitsschritt auf Vollständigkeit der Meßkanäle und Plausibiltät der Kurvenverläufe hin untersucht. Datenausfälle bei gesamten Dateien oder einzelnen Kanälen wurden in einem Protokoll registriert.

Nach der zeitaufwendigen Bearbeitung der Rohdaten aus Labor und Feld wurde für jede Datei das jeweilige in SPIL-programmierte Auswertungsprogramm aufgerufen. Daraus resultierten N *.txt-*files* mit dem Code der jeweiligen Versuchsperson.

17.1 Auswertungsprogramme

Um in den einzelnen Untersuchungssituationen Aussagen über die erbrachten Leistungen in der Haupt- und Nebenaufgabe treffen zu können, waren spezielle Auswertungsprogramme notwendig. In der am Kölner Institut entwickelten Programmiersprache SPIL, mit der VITAPORT-Zeitreihen ausgewertet werden können, wurde zu diesem Zweck für die Feld- und Laboruntersuchung jeweils ein Auswertungsprogramm geschrieben. Es handelte sich bei der Datenauswertung um eine Offline-Auswertung, die Algorithmen wurden erst nach der Datenspeicherung ausgeführt, die ursprünglich erfaßten Daten blieben stets erhalten.

Für alle Situationsklassen in der Labor- und Felduntersuchung wurden Mittelwerte und Standardabweichungen der einzelnen Variablen ausgewertet.

17.2 Parameter der Nebenaufgabe im Labor- und Feldversuch

Für alle Schwierigkeitsstufen, in denen die Nebenaufgabe vorgegeben wurde, wurden folgende abhängige (AV) und unabhängige Variablen (UV) bestimmt:

- Lampe rechts (UV):

  die Anzahl der vorgegebenen Lampenkombinationen, auf die eine Antwortreaktion mit dem rechten Reaktionsknopf zu erfolgen hat.

- Lampe links (UV):

  die Anzahl der vorgegebenen Leuchtmuster, auf die mit dem linken Reaktionsknopf zu reagieren ist.

- Verhältnis (UV):

  der Quotient aus den Vorgaben für den rechten und linken Reaktionsknopf.

- Reaktionsknopf rechts (AV):

  Anzahl der Reaktionen, die mit dem rechten Reaktionsknopf stattgefunden haben.

- Reaktionsknopf links (AV):

  Anzahl der Antwortreaktionen, die mit dem linken Reaktionsknopf gegeben wurden.

- Trefferzahl (AV):

  Anzahl der richtig erfolgten Antwortreaktionen. Ein Leuchtmuster, das mit dem rechten Reaktionsknopf zu beantworten war, wurde mit rechts bestätigt und umgekehrt.

- Prozent Falsch (AV):

  Prozentualer Anteil der Antwortreaktionen, die mit der falschen Reaktionstaste beantwortet wurden.

- Mittlere Entscheidungszeit (AV):

  die Zeit von der Reizvorgabe bis zur Betätigung einer Reaktionstaste.

• Mittlere Entscheidungszeit bis zu einem Treffer (AV):

aufaddierte Entscheidungszeiten bis zu einer richtigen Antwortreaktion - Schnelle, aber falsche Antwortreaktionen wurden hier eliminiert.

Der dargestellte Screenshot zeigt die vorgegebene Nebenaufgabe und die daraufhin stattgefundene Reaktion an. Die benötigte Entscheidungszeit ist an der Breite der Balken des oberen Kanals ablesbar. Je breiter ein Balken ist, desto mehr Zeit wurde für eine Antwortreaktion benötigt.

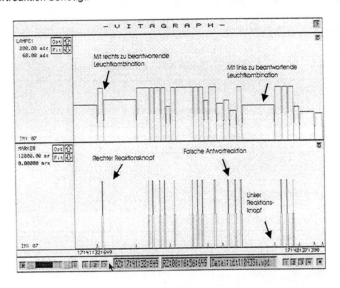

Abbildung 15: Screenshot der Parameter der Nebenaufgabe im VITAGRAPH

In dem oberen Kanal „Lampe" ist dargestellt, ob daß vorgegebene Leuchtmuster mit dem rechten oder linken Reaktionsknopf zu beantworten war. Alle hohen Balken stehen für Leuchtkombinationen, die mit der rechten Reaktionstaste zu beantworten waren, bei den übrigen war der linke Reaktionsknopf zu bestätigen. Im unteren Kanal wird die erfolgte Antwortreaktion abgebildet. Die hohen Balken stehen für die Betätigung der rechten Taste, bei den anderen wurde der linke Knopf gedrückt. Aus diesen beiden Kanälen lassen sich die falschen Antwortreaktionen ermitteln sowie die Entscheidungszeit, die bis zu einer richtigen Antwort benötigt wurde. Diese Angaben wurden mit Hilfe des Auswertungsprogramms berechnet und ausgegeben.

17.3 Parameter der Hauptaufgabe im Laborversuch

Bei der simulierten Fahraufgabe wurden für die folgenden abhängigen (AV) und unabhängigen Variablen (UV) Mittelwerte und Standardabweichungen errechnet:

- Mittlere laterale Abweichung von der Fahrbahnmitte (AV):

  die prozentualen Abweichungen von der Fahrbahnmitte zum rechten und linken Straßenrand.

- Richtige Bremsreaktion (AV):

  Bremsreaktionen, die innerhalb des definierten Bremsbereichs auf ein Schild erfolgen, das eine Bremsreaktion vorschreibt.

- Falsche Bremsreaktion (AV):

  Anzahl der nicht erfolgten Bremsreaktionen innerhalb eines Bremsbereichs vor einem Schild, das eine Bremsreaktion vorschreibt oder auch Bremsreaktionen, die innerhalb des festgelegten Bereichs nicht notwendig sind, da das entsprechende Schild keine Bremsreaktion erfordert. Ferner werden Bremsreaktionen, die den geforderten Reaktionen auf ein Verkehrszeichen zwar entsprechen, aber außerhalb des definierten Zeitbereichs liegen, als falsche Bremsreaktionen bewertet.

- Simulierte Fahrgeschwindigkeit (UV):

  Fahrtempo, mit dem die Strecke durchfahren wird.

Im Screenshot in der Abbildung 15 der Parameter der Hauptaufgabe wird die laterale Abweichung nach rechts und links von der Straßenmitte, die simulierte Fahrgeschwindigkeit, die vorgegebenen Verkehrszeichen und die daraufhin erfolgten Bremsreaktionen abgebildet. In der Grafik ist im Geschwindigkeitskanal lediglich eine gerade Linie verzeichnet, da in dieser Untersuchungssituation das simulierte Fahrtempo konstant vorgegeben war und von den Probanden nicht beeinflußt werden konnte. Aus der Information der beiden letzten Kanäle „Bremse" und „Schild" ließen sich die richtigen und falschen Bremsreaktionen ermitteln.

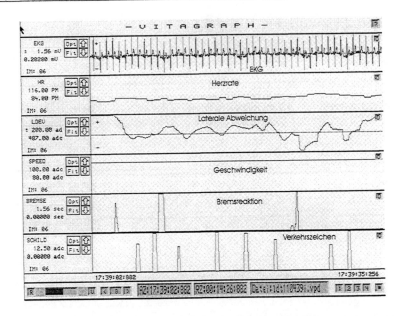

Abbildung 16: Screenshot der Parameter der Hauptaufgabe des Laborversuchs im VITAGRAPH

17.4 Parameter der Hauptaufgabe im Feldversuch

In der Felduntersuchung wurden die verschiedenen Situationen, die vom Versuchsleiter über eine Eingabebox bestimmt wurden (vgl. Kap. 11.3), registriert. Die definierten Situationsklassen wurden innerhalb der verschiedenen Kanäle identifiziert und markiert. Für die einzelnen Situationsbereiche wurden daraufhin für jede Situation Mittelwerte bestimmt, die als Aussagen über die Leistung in der Nebenaufgabe interpretiert werden konnten. Für jeden Situationsbereich wurden Mittelwert und Standardabweichung für die folgenden Variablen berechnet:

- Anzahl (UV):
  Häufigkeit des Auftretens jeder einzelnen Situation.

- Dauer (UV):
  Dauer des Auftretens jeder Situation.

17.5 Physiologische Parameter

Die Herzschlagfrequenz ist ein klassischer Parameter der angewandten Verkehrspsychologie, mit dem sich unterschiedliche Belastungen differenziert abbilden lassen. Dabei macht sich eine höhere körperliche Beanspruchung in der linearen Steigerung der Herzrate bemerkbar (vgl. Kap. 2.1). Als Meßgrößen für die abhängige Variable der Herzrate wurden in der vorliegenden Studie jeweils die Mittelwerte pro Zeitintervall und die Standardabweichung protokolliert.

Wie bei allen physiologischen Parametern ist auch bei der Interpretation der Herzrate eine vorausgegangene Artefaktkontrolle unerläßlich. Neben elektronischen Filtertechniken (Hoch- und Tiefpaß) wurden sämtliche Meßzeitreihen einer optischen Kontrolle unterzogen. Dabei wurden bei verschiedenen Versuchspersonen in unterschiedlichem Ausmaß motorische Artefakte im EKG-Kanal und damit gleichzeitig auch im Herzratenkanal festgestellt. Offensichtliche Bewegungsartefakte bei der Herzrate wurden durch manuelle Interpolation beseitigt.

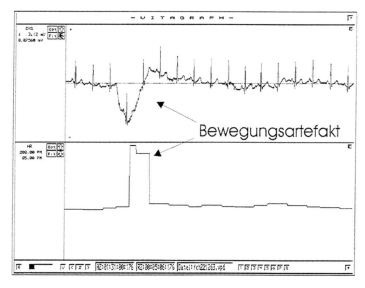

Abbildung 17: Screenshot von EKG-/Herzratenkanal im VITAGRAPH

17.6 Datenumstrukturierung

Die mit den Auswertungsprogrammen bearbeiteten *txt. Dateien waren unter MS Word oder MS Excel aufrufbar und hatten folgende Struktur:

Tabelle 6: Ursprüngliche Datenstruktur

	Parameter 1 bis K
Situation 1 bis L	Meßwerte

Diese Einzeltabellen mußten in die folgende Matrizenstruktur umgewandelt werden:

Tabelle 7: Datenstruktur nach der Umstrukturierung

	Parameter 1 bis K für Situation L_1 bis Variable 1 bis K für Situation L_L
Versuchspersonen 1 bis N	Meßwerte

Die Datenumstrukturierung geschah unter Zuhilfenahme eines Macros im Textverarbeitungsmodus, welches für alle Einzeldateien einen gemeinsamen *outputfile* "labor.txt" bzw. "feld.txt" generierte. So ergaben sich für die beiden Versuchsbedingungen getrennt zwei zentrale Datenmatrizen. Im Statistikprogramm SPSS für Windows (Version 7.5) wurden die einzelnen Parameterspalten editiert und mit Variablennamen versehen.

Im folgenden Arbeitsschritt wurden die beiden Dateien anhand auffälliger Werte, die durch "*missing values*" ersetzt wurden, artefakt-kontrolliert und zu einer gemeinsamen Datei zusammengefaßt. An diese Datei wurden letztlich noch die Ergebnisse aus den schriftlichen Befragungen zur Fahrerbiographie und Versuchsrückmeldung angehängt, um eine Vergleichbarkeit aller Meßgrößen zu ermöglichen.

TEIL III: Ergebnisse und Interpretation

18 Deskriptive Datenauswertung der Pilotstudie

Zur Leistungsermittlung in der Hauptaufgabe wurden die mittleren Abweichungen von der simulierten Fahrbahnmitte und die Anzahl der richtigen und falschen Bremsreaktionen ausgewertet. Als Leistungsmaß der Nebenaufgabe gingen die mittleren Entscheidungszeiten, die bis zu einer richtigen Antwortreaktion benötigt wurden sowie die Anzahl der richtig bearbeiteten Zeichen bzw. die falsch erfolgten Reaktionen in die Auswertung ein.

18.1 Leistungen in der Nebenaufgabe

Mit zunehmender Schwierigkeit der Hauptaufgabe nahmen die für die richtige Bearbeitung der Nebenaufgabe benötigten Entscheidungszeiten zu.

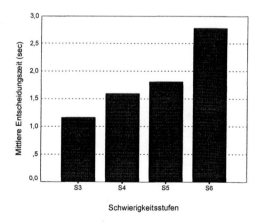

Abbildung 18: Mittlere Entscheidungszeiten in der Nebenaufgabe in unterschiedlichen Schwierigkeitsstufen der Pilotstudie

Während in der ersten Untersuchungsbedingung mit nur 40 Kilometern in der Stunde die Entscheidungszeiten im Mittel bei 1,1 Sekunden lagen, wurden in der letzten Schwierigkeitsstufe (S) im Durchschnitt 2,7 Sekunden für eine richtige Antwortreaktion benötigt. Die Entscheidungszeiten in den einzelnen Untersuchungsbedingungen unterscheiden sich signifikant voneinander, eine univariate Varianzanalyse mit Meßwiederholung ergab einen F-Wert von 13,16 (p= ,000).

Tabelle 8 Mittlere Entscheidungszeiten in der Nebenaufgabe in unterschiedlichen Schwierigkeitsstufen der Pilotstudie und Ergebnisse von Newman-Keuls-Tests

Schwierigkeits-stufen[7]	N	Mittelwert	Standardabwei-chung	Post-Hoc-Test
S3	17	1,15	,28	,114
S4	17	1,58	1,01	,411
S5	17	1,81	,79	,000**
S6	17	2,78	1,89	

** Wert ist auf dem Niveau p ≤ 0,01 signifikant

Die Ergebnisse eines Post-Hoc-Tests (Newman-Keuls-Test) zeigen, daß sich lediglich die Entscheidungszeiten in der fünften und sechsten Untersuchungsbedingung signifikant voneinander unterscheiden.

Falsche Antwortreaktionen waren in allen Untersuchungsbedingungen die Ausnahme und können als seltene Ereignisse betrachtet werden. Im Durchschnitt lagen die Fehlerhäufigkeiten zwischen 0,9 und 2,4 Fehlern pro Situation.

---

[7] Die Schwierigkeitsstufen sind in Kapitel 10.3.2 erläutert.

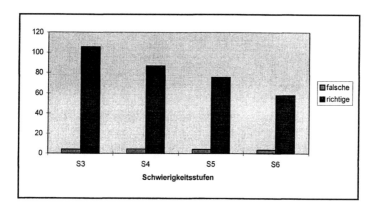

Abbildung 19 Antwortverhalten in der Nebenaufgabe bei unterschiedlichen Schwierigkeitsstufen der Pilotstudie

18.2 Auswertung der Ergebnisse der Hauptaufgabe

Als Leistungsmaß der Hauptuntersuchung wurde in allen Untersuchungssituationen die laterale Abweichung von der Fahrbahnmitte ausgewertet. Zusätzlich wurden Fahrfehler anhand von Bremsreaktionen erhoben, die in zwei Schwierigkeitsstufen gefordert waren.

Die mittleren Abweichungen von der Straßenmitte waren in den Untersuchungsbedingungen mit erhöhter Geschwindigkeit (S2, S4, S6) größer als in den Schwierigkeitsstufen mit nur 40 Kilometern pro Stunde (S1, S3, S5).

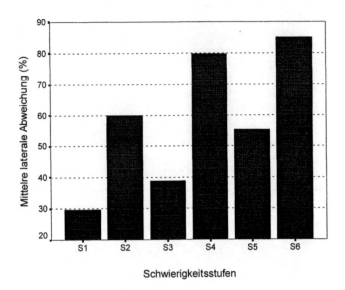

Schwierigkeitsstufen

Abbildung 20: Mittlere laterale Abweichungen von der Straßenmitte in unterschiedlichen Schwierigkeitsstufen der Pilotstudie

Die Abweichung von der Straßenmitte zum Straßenrand variierte je nach Aufgabenschwierigkeit. Während in der ersten Situation (S1: 40 km/h ohne Nebenaufgabe und ohne Verkehrsschilder) die durchschnittliche Abweichung nur 5% betrug, war in der komplexesten Situation (S6: 80 km/h mit Nebenaufgabe und Schildern) eine durchschnittliche
Abweichung von 15% zu beobachten.

Eine univariate Varianzanalyse mit Meßwiederholung ergab einen signifikanten F-Wert
von 25,42 (p= ,000), was dafür spricht, daß sich die lateralen Abweichungen in den Untersuchungssituationen in statistisch bedeutsamen Maß unterscheiden.

Tabelle 9 Mittlere laterale Abweichungen in unterschiedlichen Schwierigkeitsstufen
der Pilotstudie und Ergebnisse von Newman-Keuls-Tests

Schwierigkeits-stufen	N	Mittelwert	Standardabwei-chung	Post-Hoc-Test
S1	16	5,15	3,38	
				,000**
S2	16	10,42	4,52	
				,002**
S3	16	6,76	3,37	
				,000**
S4	16	13,87	3,38	
				,000**
S5	16	9,61	3,95	
				,000**
S6	16	14,76	3,38	

** Wert ist auf dem Niveau $p \leq 0,01$ signifikant

Die Ergebnisse eines Post-Hoc-Tests (Newman-Keuls-Test) belegen, daß die signifikanten Mittelwertunterschiede, die sich bei der Varianzanalyse gezeigt haben, zwischen allen Untersuchungsbedingungen bestehen.

Bei der Betrachtung der Bremsreaktionen wird deutlich, daß die Anzahl der Bremsreaktionen mit zunehmender Geschwindigkeit in der sechsten Schwierigkeitsstufe steigt: Bei einer Geschwindigkeit von 40 Kilometern pro Stunde wurden mehr richtige Bremsreaktionen gezeigt, als bei 80 Km/h. Bei der Fahrsimulation traten erwartungsgemäß bei höheren Geschwindigkeiten mehr Fahrfehler auf (S6) als bei geringerem Fahrtempo (S5).

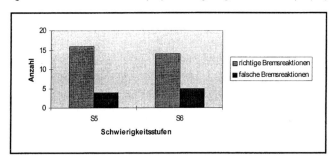

Abbildung 21: Anzahl richtiger und falscher Bremsreaktionen in unterschiedlichen
Schwierigkeitsstufen der Hauptuntersuchung

Die Mittelwerte der Untersuchungssituationen, die mit einem t-Test für gepaarte Stichproben verglichen wurden, unterscheiden sich bei den richtig erfolgten Bremsreaktionen signifikant voneinander. Bei den falschen Bremsreaktionen, deren Anzahl sowohl in der fünften als auch in der sechsten Schwierigkeitsstufe gering waren, existiert kein statistisch überzufälliger Unterschied.

Tabelle 10: Vergleich der mittleren falschen und richtigen Bremsreaktionen in unterschiedlichen Schwierigkeitsstufen der Hauptuntersuchung

Anzahl Bremsreaktionen	N	Mittelwert	Standard-abweichung	t-Wert (df)	Signifikanz
S5 richtig	17	16,00	1,76	3,29 (16)	,005*
S6 richtig	17	14,18	2,21		
S5 falsch	17	3,93	1,63	-2,05 (16)	,057
S6 falsch	17	5,00	2,15		

** Wert ist auf dem Niveau $p \leq 0,01$ signifikant
* Wert ist auf dem Niveau $p \leq 0,05$ signifikant

18.3 Zusammenfassung

Die Informationsverarbeitungskapazität, die für die Bearbeitung der Hauptaufgabe benötigt wird, nimmt mit steigender Aufgabenkomplexität und –schwierigkeit zu. Dieser Annahme entsprechend konnte eine Leistungsabnahme in der Nebenaufgabe bei steigendem Schwierigkeitsgrad der Hauptaufgabe festgestellt werden.

Auch die Leistungen in der simulierten Fahraufgabe blieben von der zunehmenden Aufgabenschwierigkeit und –komplexität nicht unbeeinflußt, die einzelnen Untersuchungsbedingungen unterscheiden sich signifikant hinsichtlich der lateralen Abweichung von der Straßenmitte. Bei den Bremsreaktionen traten in Untersuchungssituationen, die mit einem höheren Fahrtempo durchfahren wurden, vermehrt Fahrfehler auf.

19 Auswertung der Laborparameter der Hauptuntersuchung

Zur Bestimmung der mentalen Beanspruchung wurden die Leistungen in der Nebenaufgabe ausgewertet. Als Leistungsmaß hierfür gelten die Entscheidungszeiten bis zu einer richtigen Antwortreaktion. Wegen der geringen Fehlerhäufigkeit, die sich auch in der Pilotstudie gezeigt hat und aufgrund der Tatsache, daß die falschen Antwortreaktionen in das Maß der Entscheidungszeit bis zu einer richtigen Antwort mit eingehen, bleiben die falschen Antwortreaktionen bei der folgenden Datenauswertung unberücksichtigt.

Als physiologischer Beanspruchungsparameter wurde die erhobene Herzrate ausgewertet.

Als Hauptmaß der Hauptaufgabe wurde die laterale Abweichung von der Straßenmitte berechnet, die in allen Schwierigkeitsstufen erhoben wurde. Zusätzlich fanden in zwei der Schwierigkeitsklassen die Bremsreaktionen zur Bestimmung von Fahrfehlern Berücksichtigung.

19.1 Die Leistungen in der Nebenaufgabe: Überprüfung der Hypothese A

Hypothese A besagt, daß mit zunehmender Komplexität der Hauptaufgabe im Laborversuch die Leistungen in der Nebenaufgabe abnehmen.

Um diese Untersuchungshypothese zu überprüfen, wurden die Entscheidungszeiten bis zu einer richtigen Antwort in den neun unterschiedlichen Schwierigkeitsstufen verglichen. Erwartungsgemäß nehmen die Entscheidungszeiten mit steigender Aufgabenkomplexität zu. Vor allem im ersten Teil der Laboruntersuchung (S3-S6) ist ein stetiger Anstieg der mittleren Entscheidungszeiten erkennbar.

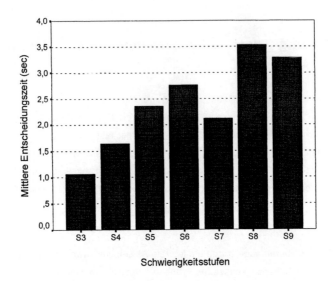

Schwierigkeitsstufen

Abbildung 22 Mittlere Entscheidungszeit in der Nebenaufgabe in den unterschiedlichen Schwierigkeitsstufen der Hauptuntersuchung

Im zweiten Teil der Laboruntersuchung, bei dem die Geschwindigkeit von den Untersuchungsteilnehmern frei bestimmt wurde, zeigen sich vor allem in der siebten Untersuchungsbedingung vergleichbar kürzere Entscheidungszeiten. Bei dieser Schwierigkeitsstufe war die größte Verhaltensvariabilität möglich, da die Instruktion lediglich vorgab, die simulierte Strecke möglichst schnell zu durchfahren. Entsprechend der geringen Aufgabenanforderung ist anzunehmen, daß ausreichend Restverarbeitungskapazität für die Bearbeitung der Nebenaufgabe verblieb.

In der achten und neunten Untersuchungssituation war demgegenüber eine zulässige Höchstgeschwindigkeit vorgegeben. In der achten Schwierigkeitsstufe (S8) betrug diese 50 Kilometer in der Stunde, während in der neunten Untersuchungssituation (S9) 80 Kilometer pro Stunde nicht überschritten werden sollten. Bei diesen Aufgabenanforderungen zeigt sich, daß die Entscheidungszeiten bei der Einhaltung von 50 km/h deutlich länger sind als bei der Vorgabe einer höheren zulässigen Höchstgeschwindigkeit. Dieses Ergebnis läßt sich durch die Tatsache erklären, daß der verbleibende Verhaltensspielraum der Probanden, innerhalb dessen sie das Fahrtempo wählen konnten, bei einer niedrigen zulässigen Höchstgeschwindigkeit geringer ist.

Mit einer univariaten Varianzanalyse mit Meßwiederholungen wurden die Mittelwerte verglichen, dabei ergab sich ein signifikanter F-Wert von 27,66 (p = ,000).

Tabelle 11 Mittlere Entscheidungszeiten in der Nebenaufgabe in den unterschiedlichen Schwierigkeitsstufen der Hauptuntersuchung

Schwierigkeits-stufen	N	Mittelwert	Standardabweichung	Post-Hoc-Test
S3	91	1,06	,622	
				,015*
S4	91	1,64	1,82	
				,006**
S5	91	2,35	2,52	
				,084
S6	91	2,76	2,01	
				,016*
S7	91	2,11	1,27	
				,000**
S8	91	3,528	2,93	
				,000**
S9	90	3,28	2,77	

** Wert ist auf dem Niveau p ≤ 0,01 signifikant
* Wert ist auf dem Niveau p ≤ 0,05 signifikant

Die Ergebnisse der univariaten Varianzanalyse mit Meßwiederholungen und die des Post-Hoc-Tests (Newman-Keuls-Test) sind hypothesenkonform: Die unterschiedlichen Schwierigkeitsstufen unterscheiden sich signifikant hinsichtlich der benötigten Entscheidungszeiten. Lediglich zwischen zwei Untersuchungssituationen, die sich ausschließlich hinsichtlich des Fahrtempos unterscheiden (S5-S6), konnte kein statistisch signifikanter Unterschied festgestellt werden.

19.2 Der physiologische Beanspruchungsindikator: Überprüfung der Hypothese B

In der Forschungshypothese B wird angenommen, daß die mittlere Herzrate in komplexen und schwierigen Untersuchungsbedingungen höher sei als in weniger beanspruchenden Schwierigkeitsstufen.

In den unterschiedlichen Schwierigkeitsstufen des Laborversuchs zeigt sich vor allem bei den schnelleren Geschwindigkeitsstufen eine erhöhte mittlere Herzrate: Während die durchschnittliche Herzrate in den Schwierigkeitsklassen mit geringerem Fahrtempo (S1, S3, S5, S8) bei 85 bis 86 bpm[8] lag, wurden bei einer höheren Geschwindigkeit (S2, S4, S6, S9) durchschnittliche Herzraten von 86 bis 89 bpm gemessen. Auch in der siebten Untersuchungssituation, in der die simulierte Strecke möglichst schnell durchfahren werden sollte, ist die mittlere Herzrate relativ hoch ausgeprägt.

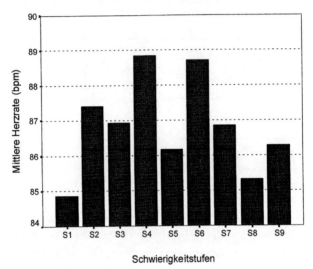

Abbildung 23 Mittlere Herzrate in unterschiedlichen Schwierigkeitsstufen der Hauptuntersuchung im Laborversuch

Eine univariate Varianzanalyse mit Meßwiederholungen ergab ein erwartungsgemäßes Ergebnis, der signifikante F-Wert beträgt 27,56 (p= ,000). Hinsichtlich der mittleren Herzrate unterscheiden sich die Schwierigkeitsklassen in statistisch bedeutsamem Maß voneinander. In allen Untersuchungsbedingungen, in denen die simulierte Fahrgeschwindigkeit erhöht wurde (S1-S2, S3-S4, S5-S6, S8-S9), zeigen sich signifikante Unterschiede. Darüber hinaus hat aber auch die Komplexität der Hauptaufgabe einen statistischen signifikanten Einfluß auf die mittlere Herzrate (S4-S5, S7-S8). Lediglich die Komplexitätszunahme von S2 zu S3, bei der die Nebenaufgabe als zusätzliche Aufgabenanforderung in S3 hinzukam, führte zu keiner statistisch relevanten Erhöhung der mittleren Herzrate.

---

[8] bpm (beats per minute) = Herzschläge pro Minute

Tabelle 12 Mittlere Herzrate in unterschiedlichen Schwierigkeitsstufen der Laboruntersuchung im Hauptversuch und Ergebnisse von Newman-Keuls-Tests

Schwierigkeits- stufe	N	Mittelwert	Standard- abweichung	Post-Hoc-Test
S1	84	84,87	13,20	
S2	83	87,40	13,90	,000**
S3	83	86,92	13,89	,190
S4	83	88,85	13,60	,000**
S5	83	86,17	13,31	,000**
S6	83	88,72	13,33	,000**
S7	83	86,85	12,82	,000**
S8	83	85,33	12,85	,000**
S9	82	86,29	12,59	,023*

** Wert ist auf dem Niveau $p \leq 0,01$ signifikant
* Wert ist auf dem Niveau $p \leq 0,05$ signifikant

Die Untersuchungshypothese B kann durch das vorliegende Ergebnis als bestätigt gelten.
Mit zunehmender Schwierigkeit und Komplexität der Hauptaufgabe ist eine statistisch bedeutsame Veränderung des physiologischen Beanspruchungsparameters zu verzeichnen.

19.3 Die Leistungen in der Hauptaufgabe: Überprüfung der Hypothese C

In der Untersuchungshypothese C wird davon ausgegangen, daß sich die lateralen Abweichungen von der Straßenmitte mit zunehmender Fahrgeschwindigkeit vergrößern.

In der Grafik 24 sind die lateralen Abweichungen in den unterschiedlichen Untersuchungssituationen abgebildet.

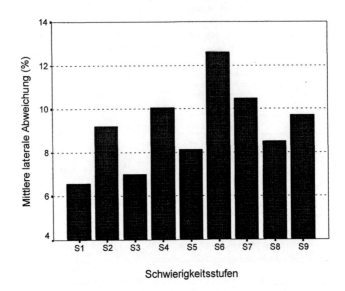

Schwierigkeitsstufen

Abbildung 24: Mittlere laterale Abweichung von der Straßenmitte in unterschiedlichen Schwierigkeitsstufen des Laborversuchs in der Hauptuntersuchung

Die lateralen Abweichungen verändern sich maßgeblich in Abhängigkeit vom simulierten Fahrtempo. Im ersten Teil der Laboruntersuchung (S1-S6) unterscheiden sich alle Schwierigkeitsstufen, bei denen die vorgegebene Geschwindigkeit erhöht wurde (S2, S4, S6) deutlich von den vorangegangenen Schwierigkeitsstufen. Auch im zweiten Teil des Versuchs ist der Einfluß des Fahrtempos auf die laterale Abweichung zu erkennen: Während die zulässige Höchstgeschwindigkeit in der achten Schwierigkeitsstufe nur 50 km/h betrug, war in der neunten Untersuchungssituation eine Höchstgeschwindigkeit von 80 km/h angezeigt. Dementsprechend lag die mittlere Fahrgeschwindigkeit in der achten Situation, bei 41 Kilometern in der Stunde. Hier sind die lateralen Abweichungen vergleichsweise niedrig, während in der letzten Untersuchungsbedingung die gefahrene Geschwindigkeit bei durchschnittlich 64 Kilometern pro Stunde lag und die laterale Abweichung vergleichsweise hoch ausgeprägt sind.

Ein Mittelwertvergleich der lateralen Abweichung mittels einer univariaten Varianzanalyse mit Meßwiederholungen ergab einen deutlich signifikanten F-Wert von 39,51 (p= ,000).

Tabelle 13: Mittlere laterale Abweichungen in unterschiedlichen Schwierigkeitsstufen der Laboruntersuchung des Hauptversuchs und Ergebnisse von
Newman-Keuls-Tests

Schwierigkeitsstufen	N	Mittelwert	Standardab-weichung	Post-Hoc-Test
S1	91	6,57	4,34	
S2	87	9,18	5,34	,000**
S3	88	6,97	5,05	,000**
S4	90	10,04	4,85	,000**
S5	89	8,13	4,58	,000**
S6	89	12,60	5,96	,000**
S7	89	10,47	5,33	,000**
S8	90	8,50	4,59	,000**
S9	88	9,70	4,50	,011*

** Wert ist auf dem Niveau $p \leq 0,01$ signifikant
* Wert ist auf dem Niveau $p \leq 0,05$ signifikant

Anhand der in Tabelle 13 aufgeführten Ergebnisse der lateralen Abweichung von der Straßenmitte kann es als bestätigt gelten, daß die Leistungen in der Hauptaufgabe, gemäß der Untersuchungshpothese C, mit zunehmender Fahrgeschwindigkeit in statistisch bedeutsamen Maße abnehmen. Außerdem belegen die Ergebnisse, daß auch die zunehmende Aufgabenkomplexität zu einer vermehrten lateralen Abweichung geführt hat.

19.3.1 Auswertung der Bremsreaktionen in der Hauptaufgabe

Bei den erfolgten Bremsreaktionen wurde unterschieden zwischen richtigen, d.h. dem vorgegebenen Verkehrszeichen angemessenen Bremsreaktionen und falschen Bremsreaktionen, die auf Verkehrsschilder erfolgten, die keine Reaktion erforderten oder außerhalb des definierten Toleranzbereiches lagen. Entsprechend der Untersuchungshypothese C wurden bei einer geringeren simulierten Fahrgeschwindigkeit weniger falsche und mehr angemessene Bremsreaktionen erzielt, als bei einem vergleichsweise höheren Fahrtempo.

Abbildung 25 zeigt ein erwartungskonformes Ergebnis: Während die Fahrfehler in der fünften Situation (40 Kilometer in der Stunde) geringer waren als in der sechsten (80 Kilometer in der Stunde), verhielt es sich mit den richtigen Bremsreaktionen erwartungsgemäß umgekehrt.

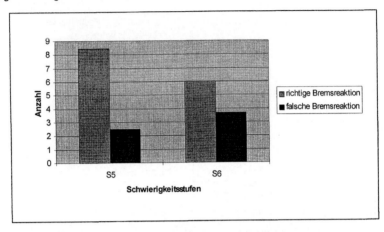

Abbildung 25 Mittlere richtige und falsche Bremsreaktionen in unterschiedlichen Schwierigkeitsstufen im Laborversuch der Hauptuntersuchung

Das in der Tabelle 14 dargestellte Ergebnis eines t-Tests für gepaarte Stichproben zeigt statistisch abgesicherte Unterschiede zwischen der fünften und sechsten Schwierigkeitsstufe der Laboruntersuchung bezüglich der falsch und richtig erfolgten Bremsreaktionen.

Tabelle 14: Vergleich der mittleren richtigen und falschen Bremsreaktionen in unterschiedlichen Schwierigkeitsstufen der Laboruntersuchung des Hauptversuchs

Anzahl Bremsreaktionen	N	Mittelwert	Standard-abweichung	t-Wert (df)	Signifikanz
S5 richtig	91	8,42	2,15	-14,11 (90)	,000**
S6 richtig	91	6,02	3,33		
S5 falsch	91	2,49	1,89	-19,21 (90)	,000**
S6 falsch	91	3,65	3,23		

** Wert ist auf dem Niveau p ≤ 0,01 signifikant

Das vorliegende Untersuchungsergebnis unterstützt die Untersuchungshypothese C, da die Fahrfehler und damit die Leistungen in der Hauptaufgabe in der Schwierigkeitsstufe mit einer vergleichsweise erhöhten Geschwindigkeit (S6) signifikant häufiger auftraten.

19.4 Reliabilitätsanalyse der Laboruntersuchung: Überprüfung der Hypothese D

In der Untersuchungshypothese D wird angenommen, daß statistisch belegbare Zusammenhänge zwischen den Ergebnissen aus der Hauptuntersuchung und der Pilotstudie im Laborversuch bestehen.

Bei einer Korrelationsanalyse zeigten sich hoch signifikante Zusammenhänge zwischen den Leistungsparametern der Hauptaufgabe in der Pilot- und Hauptuntersuchung. Unmittelbar verglichen werden konnte nur der erste Teil des Laborversuchs, da die Schwierigkeitsstufen des zweiten Teils (S7-S9) in der Voruntersuchung nicht erhoben wurden.

Auch der physiologische Beanspruchungsparameter, die Herzrate, zeigt einen überzufälligen Zusammenhang zwischen den erhobenen Daten in der Hauptuntersuchung und denen der Pilotstudie. Zusätzlich signifikante Zusammenhänge bestehen zwischen der Herzrate und den Leistungen der Hauptaufgabe.

Tabelle 15: Korrelation der mittleren Leistungsparameter von Haupt- und Nebenaufgabe in der Pilotstudie und Hauptuntersuchung

	Herzrate Pilotstudie	Reaktions-zeit HU	Reaktions-zeit Pilotstudie	Laterale Abweichung HU	Laterale Abweichung Pilotstudie
Herzrate HU[9]	,926**	,120	,372	,834*	,895*
Herzrate Pilotstudie		,615	,770	,968**	,985**
Entscheidungszeit HU			,933	,726	,630
Entscheidungszeit Pilotstudie				,869	,725
Laterale Abweichung HU					,961**

** Wert ist auf dem Niveau p ≤ 0,01 signifikant

Die Korrelationen der Leistungen in der Nebenaufgabe zwischen den Meßzeitpunkten können mit einem Gesamtkorrelationskoeffizienten von r = .933 als hinreichend hoch bewertet werden, was einen deutlichen Zusammenhang widerspiegelt. Der Grund dafür, daß dennoch das geforderte Signifikanzkriterium nicht erreicht wurde, liegt im Wesentlichen darin, daß lediglich vier Mittelwerte (S3- S6) korreliert wurden, da in den ersten beiden Untersuchungssituationen noch keine Nebenaufgabe bearbeitet wurde.

---

[9] Die Abkürzung HU steht für Hauptuntersuchung

In die statistische Reliabilitätsanalyse (Cronbachs Alpha) gingen die mittleren Laborparameter der Pilotstudie und der Hauptuntersuchung (Herzrate, Entscheidungszeit bis zu einer richtigen Antwortreaktion, laterale Abweichung) ein. Auf diese Weise ergab sich ein Konsistenzkoeffizient von $\alpha = .895$, der ebenfalls für eine hohe Übereinstimmung der Meßkriterien spricht. Bei der Laboruntersuchung kann anhand der Retestreliabilitätsbestimmung davon ausgegangen werden, daß es sich um eine reliable Messung mit einer ausgeprägten Aufgabenhomogenität handelt.

Die Untersuchungshypothese D kann mit dem vorliegenden Ergebnis bestätigt werden. Es konnte ein statistisch signifikanter Zusammenhang zwischen den erhobenen Daten der Pilot- und Hauptuntersuchung im Laborversuch nachgewiesen werden.

19.5 Zusammenfassung

In der Hypothese A wird mit zunehmender Komplexität und Schwierigkeit der Hauptaufgabe eine Abnahme der Restverarbeitungskapazität angenommen, die sich durch eine Verschlechterung der Leistungen in der Nebenaufgabe zeigen soll. Die vorliegenden Ergebnisse stellen eine Bestätigung dieser Hypothese dar. Mit zunehmender Schwierigkeit und Komplexität der simulierten Fahraufgabe ist ein deutlicher Leistungsabfall in der Nebenaufgabe erkennbar.

Bei dem physiologischen Beanspruchungsmaß wurde vor allem der Einfluß der simulierten Fahrgeschwindigkeit deutlich. Die Herzrate nahm nicht stetig mit zunehmender Komplexität der Aufgabenstellung zu, stattdessen wurde in Untersuchungssituationen mit einer höheren Geschwindigkeit eine erhöhte Herzrate verzeichnet. Die einzelnen Untersuchungssituationen unterscheiden sich signifikant in der ermittelten mittleren Herzraten, die Forschungshypothese B wird daher durch das vorliegende Ergebnis unterstützt.

Auch die Leistungen in der Hauptaufgabe wurden u.a. maßgeblich durch die simulierte Geschwindigkeit beeinflußt. Entsprechend der Untersuchungshypothese C zeigte sich, daß die lateralen Abweichungen mit zunehmendem Fahrtempo stiegen.

Bei der Gegenüberstellung der Daten aus der Pilot- und Hauptuntersuchung sollte sich, nach Annahme der Untersuchungshypothese D, eine hohe Übereinstimmung zwischen den Leistungsmaßen zeigen. Dies konnte durch deutliche Korrelationen der Parameter und ein hohes Maß für die innere Konsistenz bestätigt werden.

20 Auswertung der Felduntersuchung

Bei der Klassifizierung der Verkehrssituationen der Felduntersuchung wurde davon ausgegangen, daß mit den einzelnen Situationen unterschiedliche Beanspruchungen einhergehen (vgl. Kap. 6). Im folgenden wird daher der Frage nachgegangen, inwieweit eine Differenzierung der klassifizierten Verkehrssituationen hinsichtlich der beiden abhängigen Variablen, der Entscheidungszeit und der Herzrate, möglich ist. Inhaltlich schließt daran die Untersuchung der Forschungshypothesen E und F an, bei denen der Einfluß des Komplexitätsgrades der einzelnen Verkehrssituationen hinsichtlich der daraus resultierenden Beanspruchung betrachtet wird.

20.1 Die Ausprägung der Beanspruchungsparameter in unterschiedlichen Verkehrssituationen

Auch im Feldversuch wurden zur Bestimmung der Beanspruchung zwei Beanspruchungsmaße erhoben. Zum einen wurde die mentale Auslastung über die Leistungen in der Nebenaufgabe ermittelt, zum anderen wurde die Herzrate als physiologischer Indikator erfaßt.

Als Leistungsmaß der Nebenaufgabe wurden die mittleren Entscheidungszeiten bis zu einer richtigen Antwortreaktion in den verschiedenen Untersuchungssituationen ausgewertet.

Auf eine gesonderte Darstellung der falsch erfolgten Antwortreaktionen wird verzichtet, da sie, vergleichbar mit der Laboruntersuchung, sehr selten auftreten.

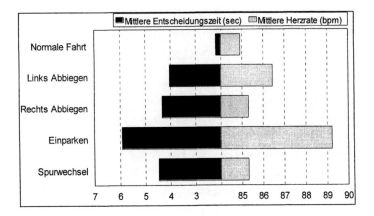

Abbildung 26: Mittlere Herzrate und mittlere Entscheidungszeit in unterschiedlichen Verkehrssituationen der Felduntersuchung

Mit zunehmender Situationskomplexität stiegen die benötigten Entscheidungszeiten tendenziell an. Bei der normalen Fahrt im Stadtverkehr, d.h. ohne Klassifikation, wurden die besten Leistungen erzielt; bei den Abbiegemanövern nahmen die Entscheidungszeiten deutlich zu. Eine weitere Leistungsabnahme ist beim Spurwechsel und beim Einparken zu erkennen. Der Unterschied in den Entscheidungszeiten bei den Abbiegevorgängen nach rechts und links ist damit zu erklären, daß im Kölner Stadtverkehr die Abbiegemanöver nach rechts fast immer mit dem Vorfahrtgewähren anderer Verkehrsteilnehmer verbunden sind. Auch bei ampelgeregeltem Abbiegen nach rechts können Fahrrad- und Fußgängerüberwege gekreuzt werden, denen Vorfahrt einzuräumen ist. Beim ampelgeregelten Linksabbiegen besteht eine vergleichbare Anforderung hingegen vergleichsweise selten und bezieht sich allenfalls auf entgegenkommende Kraftfahrzeuge.

Tabelle 16:   Mittlere Entscheidungszeiten in unterschiedlichen Verkehrssituationen der Felduntersuchung

Verkehrssituationen	N	Mittelwert	Standardabweichung
Abbiegen links	87	4,064	3,152
Abbiegen rechts	88	4,342	2,861
Einparken	78	5,961	5,308
Spurwechsel	87	4,527	3,572
Ohne Klassifikation	89	2,225	1,323

Eine univariate Varianzanalyse mit Meßwiederholung ergab einen signifikanten F-Wert von 33,86 (p<,000**) der belegt, daß sich die unterschiedlichen Verkehrssituationen hinsichtlich der Leistungen in der Nebenaufgabe signifikant unterscheiden. Auch der physiologische Beanspruchungsparameter variiert in den unterschiedlichen Verkehrssituationen (vgl. Abb. 26). Während die mittlere Herzrate in den Situationen der einfachen Fahrt ohne Klassifikation bei 85 bpm[10] lag, ist ein deutlicher Anstieg bei den Abbiegemanövern und beim Spurwechsel zu erkennen (vgl. Abb. 26). Erwartungsgemäß wurden die höchsten Herzraten beim Vorgang des Einparkens erhoben, dabei wird davon ausgegangen, daß dies mit einem fremden Fahrzeug eine besondere Schwierigkeit darstellt.

Tabelle 17 Mittlere Herzrate in unterschiedlichen Verkehrssituationen der Felduntersuchung

Verkehrssituationen	N	Mittelwert	Standardabweichung
Abbiegen links	85	85,19	14,08
Abbiegen rechts	85	86,27	14,12
Einparken	80	89,07	13,72
Spurwechsel	85	84,82	13,95
Ohne Klassifikation	85	85,23	14,28

---

beats per minute (bpm)

Auch hinsichtlich der Herzrate unterscheiden sich die Verkehrssituationen in statistisch bedeutsamen Maße voneinander. Eine univariate Varianzanalyse mit Meßwiederholung ergab einen signifikanten F-Wert von 24,96 (p< ,000**).

Das vorliegende Ergebnis spricht dafür, daß die verschiedenen Untersuchungssituationen erwartungsgemäß mit unterschiedlichen Beanspruchungen einhergehen, die sich im physiologischen und mentalen Beanspruchungsmaß widerspiegeln.

Im folgenden wird die kognitive und physiologische Beanspruchung in Untersuchungssituationen, die als einfach bzw. als komplex klassifiziert wurden, untersucht.

20.2 Vergleich von einfachen und komplexen Abbiegevorgängen: Überprüfung der Hypothesen E und F

In der Untersuchungshypothese E wird davon ausgegangen, daß die Leistungen in der Nebenaufgabe bei komplexen Abbiegevorgängen geringer sind als in einfachen Untersuchungssituationen. Dementsprechend wird auch eine stärkere physiologische Beanspruchung bei komplexen Abbiegevorgängen angenommen als bei weniger komplexen Abbiegemanövern (Hypothese F).

Zur Überprüfung der Hypothesen wurden die mittlere Herzrate der Probanden und die durchschnittliche Entscheidungszeit in der Nebenaufgabe in jeder Verkehrssituation berechnet. Erwartet wird, daß beide Belastungsparameter - Herzrate und Entscheidungszeit - in den komplexen Verkehrssituationen stärker ausgeprägt sind als bei einfachen Abbiegemanövern. Abbildung 27 zeigt eine stärkere Ausprägung des kognitiven Beanspruchungsparameters bei den komplexen Abbiegevorgängen im Vergleich zu einfachen Abbiegemanövern.

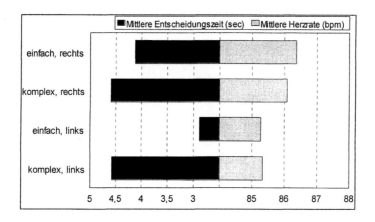

Abbildung 27: Mittlere Entscheidungszeiten bei einfachen vs. komplexen Abbiegevorgängen der Felduntersuchung

Bei der Herzrate läßt sich ein solches Ergebnis hingegen nur tendenziell bei Abbiegevorgängen nach links erkennen. Die Ergebnisse von t-Tests für gepaarte Stichproben,
anhand dessen die Mittelwerte verglichen wurden, sind in der folgenden Tabelle dargestellt:

Tabelle 18: Vergleich der mittleren Herzrate und Entscheidungszeit in einfachen
und komplexen Verkehrssituationen der Felduntersuchung

	Herzrate			Entscheidungszeit		
	Mittelwert	t-Wert (df)	Signifikanz	Mittelwert	t-Wert (df)	Signifikanz
Abbiegen rechts einfach/	86,367/	,606 (83)	,546	4,131/	-,917 (81)	,362
Komplex	86,081			4,616		
Abbiegen links ein-fach/	85,267/	-,196 (84)	,845	2,88/	-4,020 (80)	,000**
komplex	85,325			4,57		

** Wert ist auf dem Niveau p ≤ 0,01 signifikant

Die Untersuchungshypothese F konnte durch das vorliegende Ergebnis nicht bestätigt werden. Bei der Herzrate ergaben sich keinerlei überzufällige Unterschiede zwischen komplexen und einfachen Abbiegemanövern. Bei diesem physiologischen Parameter ist jedoch zu beachten, daß es sich hierbei um ein vergleichsweise träges Maß handelt, dessen Veränderung unter Umständen erst nach dem zeitlichen Ende einer klassifizierten Situation erfolgte und daher in die Erhebung des jeweiligen Abbiegevorgangs u.U. nicht mehr einging.

Die Entscheidungszeiten in der Nebenaufgabe unterschieden sich hingegen entsprechend der Untersuchungshypothese E beim Abbiegen nach links hoch signifikant voneinander. Bei den Abbiegevorgängen nach rechts liegt hingegen nur eine tendenzielle Erhöhung der Entscheidungszeiten vor. Anhand des kognitiven Beanspruchungsmaßes ließen sich demnach Abbiegevorgänge zum Teil hinsichtlich ihrer Komplexität differenzieren, was anhand des physiologischen Beanspruchungsindikators nicht gelang.

20.3 Zusammenfassung

Bei dem kognitiven und physiologischen Beanspruchungsmaß waren tendenzielle Unterschiede zwischen den Untersuchungssituationen erkennbar: Während der Abbiegevorgänge, dem Spurwechsel und dem Ein- und Ausparken wurden längere Entscheidungszeiten in der Nebenaufgabe benötigt und eine höhere Herzrat verzeichnet als in Situationen, in denen vorwiegend geradeaus gefahren wurde.

Bei der differenzierten Betrachtung der Abbiegevorgänge hinsichtlich der Situationskomplexität zeigte sich, daß das kognitive Beanspruchungsmaß beim Abbiegen in komplexen Verkehrssituationen nur zum Teil stärker ausgeprägt war, als bei Abbiegemanövern in weniger komplexen Situationen. Die Hypothese E, bei der davon ausgegangen wird, daß das kognitive Beanspruchungsmaß zwischen komplexen und einfachen Verkehrssituationen differenziert, konnte nicht eindeutig bestätigt werden.

Aufgrund der physiologischen Beanspruchung konnte eine derartige Unterscheidung ebenfalls nicht vorgenommen werden. Die Herzrate war bei Abbiegevorgängen, die als komplex klassifiziert wurden, nicht signifikant höher ausgeprägt als bei Abbiegemanövern in weniger komplexen Verkehrssituationen. Dieses Ergebnis kann unter Umständen mit der relativen Trägheit dieses Maßes zusammenhängen, die even-

tuell dazu geführt haben kann, daß die klassifizierte Belastung und die daraus resultierende physiologische Veränderung nicht innerhalb des gleichen Meßzeitpunktes aufgetreten sind. Die Untersuchungshypothese F kann aufgrund des vorliegenden Ergebnisses nicht aufrechterhalten werden.

21 Die Prädiktion der Beanspruchung im Feld auf Grund-
lage der Laborergebnisse

Die Vorhersagemöglichkeiten der Felddaten aufgrund der Laborergebnisse wurden re-
gressionsanalytisch bestimmt. Auf Grundlage der Labordaten soll die kognitive und physiologische Beanspruchung im Feldversuch vorhergesagt werden. Von einer Überprüfung
der Vorhersagemöglichkeit der Leistungen in der Hauptaufgabe wurde abgesehen, da in
der Felduntersuchung kein hinreichend definiertes Maß für die Fahrleistung vorlag.

Regressionsanalysen ermöglichen die Schätzung der Koeffizienten einer linearen Glei-
chung unter Einbeziehung der unabhängigen Variablen, die den Wert der abhängigen Variable am besten voraussagt. Um differenzierte Aussagen darüber treffen zu können, welche Schwierigkeitsstufen im Labor den deutlichsten Vorhersagewert für die Entscheidungszeiten in der Felduntersuchung haben, bietet sich eine schrittweise durchgeführte
lineare Regressionsanalyse an. Bei diesem Vorgehen werden die unabhängigen Prädiktorvariablen bei jedem Berechnungsschritt auf Ausschluß bzw. Einschluß anhand eines F-
Wertes auf ihre Vorhersagebedeutung für das Regressionsmodell geprüft. Der Prüfprozeß
wird fortgesetzt, bis keine weitere Variable einen signifikanten Beitrag zur Vorhersage des
Kriteriums leistet.

In den folgenden Tabellen sind die F-Werte aufgeführt, die eine Aussage darüber erlauben, wie gut das jeweilige Regressionsmodell an die Daten angepaßt ist sowie das entsprechende Signifikanzniveau. Der Quotient aus dem Regressionskoeffizienten und seinem Standardfehler ergibt den t-Wert. Die angegebenen R-Quadrate, die aus dem Quotienten der erklärten Streuung mit der Gesamtstreuung berechnet werden, haben sich nach
BORTZ (1993) als Erklärungsmaß der Regression durchgesetzt. Anhand der R-Quadrat-
Werte kann man ablesen, wie gut die Güte der Anpassung der Regression an die empirischen Werte der abhängigen Variablen ist. Zusätzlich werden die standardisierten Beta-
Gewichte aufgeführt, denen bei der multiplen Regressionsanalyse besondere Bedeutung
zukommt, da den Beta-Gewichten aller Variablen eine einheitliche Dimension zugrunde

liegt und somit nach BROSIUS & BROSIUS (1995) ein Vergleich des relativen Erklärungs-
beitrages für die Regressionsschätzung möglich ist.

Im folgenden wird zunächst die Vorhersage der kognitiven Leistungen im Feldversuch auf
Grundlage der Einzelergebnisse in den unterschiedlichen Laborsituationen überprüft.
Daran anschließend sind detaillierte Regressionsanalysen aufgeführt, in denen das Ver-
hältnis der Bearbeitungspriorität von Haupt- und Nebenaufgabe Berücksichtigung findet.

21.1 Die Prädiktion der Leistungen in der Nebenaufgabe: Überprüfung der Hypothese G

In der Forschungshypothese G wird davon ausgegangen, daß sich die zu erwartenden
Entscheidungszeiten in der Felduntersuchung anhand der in der Laboruntersuchung erhobenen Leistungen vorhersagen lassen.

Zur differenzierten Überprüfung der Vorhersagemöglichkeit wurde eine schrittweise lineare Regressionsanalyse durchgeführt, um Aussagen darüber zu treffen, welche Schwierigkeitsstufen im Labor den deutlichsten Vorhersagewert für die Entscheidungszeiten der
Felduntersuchung haben. Als unabhängige Prädiktorvariablen gingen die Entscheidungszeiten in den unterschiedlichen Schwierigkeitsstufen im Laborversuch ein; abhängige Variable war die Entscheidungszeit in der Felduntersuchung in den verschiedenen Verkehrssituationen.

Tabelle 19 Überprüfung der Vorhersage der Entscheidungszeiten in unterschiedlichen Verkehrssituationen im Feld auf Grundlage der Entscheidungszeiten im Laborversuch

Verkehrs-situation	Einfluß-variable	F-Wert (Signifi-kanz)	t-Wert (Signifi-kanz)	R^2	Standardisierte Beta-Werte
Keine Klassifi-kation	S7	38,55 (,000**)	5,70 (,000**)	,497	,506
	S5		3,61 (,001**)		,320
Abbiegen links	S7	45,41 (000**)	6,74 (,000**)	,371	,609
Abbiegen rechts	S7	88,68 (,000**)	5,88 (,000**)	,580	,556
	S4		2,95 (,004**)		,279
Spurwechsel	S7	26,77 (000**)	5,17 (,000**)	,258	,508
Einparken	S3	4,70 (034*)	2,16 (,034*)	,064	,253

** Wert ist auf dem Niveau $p \leq 0,01$ signifikant
* Wert ist auf dem Niveau $p \leq 0,05$ signifikant

Die ausgeprägten R-Quadrat-Werte können als ein hypothesenkonformes Ergebnis betrachtet werden. Sie belegen eindeutig die Vorhersagemöglichkeit der zu erwartenden Leistungen im Feldversuch auf Grundlage des im Labor erhobenen Leistungsniveaus und bestätigen die Forschungshypothese G.

Die siebte Laborbedingung (S7) hat für fast alle Feldsituationen einen signifikanten t-Wert. In dieser Schwierigkeitsstufe stand das selbständige Fahren am Simulator im Vordergrund, und es waren keine weiteren Aufgabenanforderungen, wie beispielsweise Verkehrszeichen, zu berücksichtigen. Der hohe Erklärungswert der siebten Laboruntersuchung im Gegensatz zu den anderen aufgeführten Situationen ist u.a. an den vergleichsweise höheren standardisierten Beta-Gewichten erkennbar.

Auch bei den Situationen "Spurwechsel" und beim "Linksabbiegen" im Feldversuch ist die siebte Schwierigkeitsstufe (S7) die einzige Untersuchungssituation, die eine signifikante Vorhersagemöglichkeit für die Entscheidungszeiten der Nebenaufgabe bietet.

In den Feldbedingungen ohne Situationsklassifikation und beim Abbiegen nach rechts hatten auch die fünfte (S5: festgelegte Geschwindigkeit von 40 Kilometern in der Stunde mit Verkehrszeichen) bzw. die vierte Laborbedingung (S4: festgelegte Geschwindigkeit von 80 Kilometern pro Stunde) signifikante Vorhersagewerte.

Erwartungsgemäß war auch das nur knapp signifikante Ergebnis in den Situationen des Einparkens. Im Labor besteht die Anforderung der Hauptaufgabe darin, mit einem simulierten Fahrzeug dem Straßenverlauf zu folgen und zusätzlich in den verschiedenen Schwierigkeitsstufen weitere Aufgabenanforderungen zu erfüllen. Die besonderen Anforderungen beim Einparken im Feldversuch fanden keine Entsprechung bei der Aufgabenstellung im Labor, was die wesentlich geringere Vorhersagemöglichkeit der Entscheidungszeiten für die Felduntersuchung erklärt.

21.2 Die Prädiktion der physiologischen Beanspruchung im Feldversuch: Überprüfung der Hypothese H

In der Untersuchungshypothese H wird postuliert, daß sich die zu erwartende Herzrate in der Felduntersuchung aufgrund der im Laborversuch gemessenen Herzrate vorhersagen läßt.

Die Vorhersagemöglichkeit der mittleren Herzrate in der Felduntersuchung wurde anhand einer schrittweise durchgeführten multiplen linearen Regressionsanalyse überprüft.

Tabelle 20: Überprüfung der Vorhersage der Herzrat in unterschiedlichen Verkehrssituationen im Feld auf Grundlage der Herzrate im Laborversuch

Situation	Einfluß-variable	F-Wert (Signifi-kanz)	t-Wert (Signifi-kanz)	R^2	Standar-disierte Beta-Werte
keine Klassifi-kation	S1	356,97 (,000**)	18,89 (,000**)	,840	,917
Abbiegen links	S1	343,26 (,000**)	18,52 (,000**)	,835	,914
Abbiegen rechts	S1	324,43 (,000**)	18,01 (,000**)	,827	,909
Spurwechsel	S1	326,23 (,000**)	18,06 (,000**)	,828	,910
Einparken	S2	184,02 (,000**)	13,56 (,000**)	,742	,861

** Wert ist auf dem Niveau $p \leq 0,01$ signifikant

Das Anpassungsgüte der Regressionsgleichungen (R^2) ist hoch ausgeprägt, 74-84 % der Varianz der Kriteriumsvariablen kann durch die Prädiktoren jeweils vorhergesagt werden. In allen Untersuchungssituationen konnte die Herzrate im Feldversuch aufgrund der Datenerhebung der Laboruntersuchung zuverlässig prognostiziert werden. Das vorliegende Ergebnis unterstützt die Forschungshypothese H.

Hervorzuheben ist die Tatsache, daß bei fast allen Verkehrssituationen der Felduntersuchung die Herzrate ausschließlich durch die Herzrate der ersten Laborsituation vorhersagbar ist. Diese Schwierigkeitsstufe könnte man fast als Ruhebedingung im Labor verstehen, da die Aufgabenanforderungen sehr gering waren: Mit festgelegter simulierter Fahrtgeschwindigkeit von 40 Kilometern in der Stunde war dem Straßenverlauf zu folgen, wobei keine Nebenaufgabe vorgegeben wurde. Dieser Befund wird weiterhin unterstützt durch die subjektive Einschätzung der Untersuchungsteilnehmer, die die Laboruntersuchung als signifikant schwieriger als die Anforderungen im Feldversuch empfunden haben (vgl. Kap. 22.3). Hiermit läßt sich erklären, daß gerade die leichtesten Bedingungen des Laborversuchs die Herzrate im Feldexperiment am besten vorhersagen.

In der Feldsituation "Einparken" kann die Herzrate am besten anhand der zweiten Schwierigkeitsstufe der Laborbedingung vorhergesagt werden.

21.3 Der Einfluß von instruktionsgemäßem Untersuchungsverhalten auf die Prädiktionsgüte der Leistungen in der Nebenaufgabe im Feldversuch

In der Untersuchungshypothese J wird angenommen, daß sich die Vorhersagegenauigkeit für die zu erwartenden kognitiven Leistungen im Feldversuch hinsichtlich des Bearbeitungsschwerpunktes der Untersuchungsteilnehmer, unterscheidet. Für Probanden, die sich über den gesamten Laborversuch hinweg instruktionsgerecht verhalten haben und dementsprechend den Bearbeitungsschwerpunkt zu Gunsten der Hauptaufgabe gewählt haben, wird eine bessere Vorhersagegüte erwartet, als für Versuchspersonen, bei denen die Bearbeitung der Nebenaufgabe Priorität hatte. In den folgenden Gliederungspunkten wird das Vorgehen zur Differenzierung der Probanden hinsichtlich der von ihnen gewählten Bearbeitungspriorität erläutert, im Anschluß daran wird die Forschungshypothese J überprüft.

21.4 Die Bearbeitungspriorität der Haupt- und Nebenaufgabe

Um die Bearbeitungspriorität von Haupt- und Nebenaufgabe bei den untersuchten Probanden zu ermitteln, wurde der Nebenaufgabe-Hauptaufgabe-Index (NaHa-Index) berechnet. Der NaHa-Index beschreibt das Verhältnis zwischen den Leistungen, die bei der Bearbeitung der Neben- und Hauptaufgabe im Laborversuch erzielt wurden.

$$NaHa - Index = \frac{LeistungNebenaufgabe}{LeistungHauptaufgabe}$$

Als Leistungsmaß der Nebenaufgabe galt die Entscheidungszeit, die bis zu einer richtigen Antwort benötigt wurde. Für die Leistungsbewertung der Hauptaufgabe im Laborversuch wurde in allen Schwierigkeitsstufen (S1-S9) die prozentuale laterale Abweichung herangezogen. Zusätzlich wurde dieses Leistungsmaß in einigen Schwierigkeitsklassen durch Moderatoren spezifiziert, die sich aus der Aufgabenstellung ergaben (falsche Bremsreaktionen, mittlere Geschwindigkeit, zeitliche Dauer der Geschwindigkeitsüberschreitung).

Um die unterschiedlichen Leistungsmaße der Haupt- und Nebenaufgabe vergleichen zu können, mußten die unterschiedlich skalierten Rohwerte in eine gemeinsame Maßeinheit transformiert werden. Auf Grundlage der Rohwerte der Leistungsmaße wurde eine Normierung der Häufigkeitsverteilungen für die Leistungen der Haupt- und Nebenaufgabe vorgenommen. Den kumulierten Prozentwerten der Rohwerteverteilung wurden nach der Standard-Nine-Häufigkeitsverteilung (Stanine-Verteilung) Zahlenwerte von eins bis neun zugeordnet. Der Quotient aus diesen normierten Leistungsmaßen liefert für jede Schwierigkeitsstufe der Laboruntersuchung eine Aussage über das Verhältnis der erbrachten Leistungen in Haupt- und Nebenaufgabe: Ein niedriger Wert (< 5) entspricht einer vergleichsweise schlechten Leistung, ein hoher Wert (> 5) einer überdurchschnittlichen Leistung.

Dabei bedeutet ein NaHa-Index von 1, daß verglichen mit anderen Versuchspersonen in Neben- und Hauptaufgabe gleich gute bzw. gleich schlechte Leistungen erbracht wurden. Ein NaHa-Index > 1 bedeutet, daß die Versuchsperson in der Nebenaufgabe einen höheren Prozentrang erreichte als in der Hauptaufgabe. Erreicht der NaHa-Index einen Wert < 1, so war die Leistung in der Hauptaufgabe, verglichen mit der Nebenaufgabe, besser.

Für die Felduntersuchung konnte kein vergleichbares Maß bestimmt werden, da die Fahrleistungen nicht ausreichend operationalisiert werden konnten.

In der Laboruntersuchung wurde der Index für die dritte bis neunte Schwierigkeitsstufe (S3-S9) berechnet, da die ersten beiden Untersuchungssituationen (S1, S2) ohne die Bearbeitung der Nebenaufgabe durchgeführt worden waren. Im folgenden sind die Berechnungen des NaHa-Index für die einzelnen Schwierigkeitsklassen dargestellt.

Der NaHa-Index in der dritten und vierten Schwierigkeitsstufe berechnet sich aus dem Quotienten der Stanine-Werte der Entscheidungszeit in der Nebenaufgabe und denen der lateralen Abweichung der Hauptaufgabe in der jeweiligen Untersuchungsbedingung.

---

für x = S3 und x = S4,

$$NaHa - IndexS_{(x)} = \frac{nrzriS_{(x)}}{nldevS_{(x)}}$$

nrzri: normierte Entscheidungszeit bis zu einer richtigen Antwort (Leistung in der Nebenaufgabe)

nldevg: normierte laterale Abweichung von der Straßenmitte (Leistung in der Hauptaufgabe)

In der fünften und sechsten Schwierigkeitsstufe (S5, S6) besteht das Maß für die Leistungen in der Nebenaufgabe weiterhin aus den Prozenträngen der Entscheidungszeit in der

betreffenden Situation. Zur Berechnung der Leistungen der Hauptaufgabe werden ergänzend die falsch erfolgten Bremsreaktionen berücksichtigt. So berechnen sich die Leistungen in der Hauptaufgabe aus dem Mittelwert der Prozentränge der lateralen Abweichung
von der Straßenmitte und dem Mittelwert der Prozentränge der falschen Bremsreaktionen,
indem für beide Parameter ein gemeinsamer Mittelwert gebildet wird. Aus den Leistungen
der Diskriminationsaufgabe und den beschriebenen Fahrleistungen wird der Quotient für
die entsprechenden Untersuchungsbedingungen gebildet:

---

für x = S5 und x = S6,

$$NaHa - IndexS_{(x)} = \frac{nrzri}{\left(nldevgS_{(x)} + nbrfaS_{(x)}\right)/2}$$

nrzri: normierte Entscheidungszeit bis zu einer richtigen Antwort (Leistung in der
Nebenaufgabe)

nldevg: normierte laterale Abweichung von der Straßenmitte (Leistung in der Hauptaufgabe)

nbrfa: normierte Anzahl der falschen Bremsreaktionen (Leistungen in der Hauptaufgabe)

Im zweiten Teil der Laboruntersuchung (S7 - 9) bleibt die Leistungsbestimmung der Nebenaufgabe unverändert. Zur Bestimmung des Leistungsniveaus der Hauptaufgabe werden hingegen unterschiedliche Moderatorvariablen berücksichtigt (vgl. Kap. 10.3).

In der siebten Situation (S7) setzt sich die Leistung der Hauptaufgabe aus den Mit-
telwerten der Stanine-Werte der lateralen Abweichung und der gefahrenen Geschwindigkeit zusammen. Für beide Parameter wird ein Mittelwert gebildet. Die Werte der
Prozentränge der Geschwindigkeit wurden vor der Berechnung mit (-1) multipliziert, so
daß die höchsten Geschwindigkeiten einen Prozentwert von 1 erhalten, was, vergleichbar
mit den Prozentwerten der lateralen Abweichung, der besten Leistung entspricht.

---

für x = S 7,

$$NaHa - IndexS_{(7)} = \frac{nrzriS_{(7)}}{\left(nldevgs_{(7)} + ngemwS_{(7)}\right)/2}$$

nrzri: normierte Entscheidungszeit bis zu einer richtigen Antwort (Leistung in der Nebenaufgabe)

nldevg: normierte laterale Abweichung von der Straßenmitte (Leistung in der Hauptaufgabe)

ngemw: normierte mittlere Fahrgeschwindigkeit (Leistung in der Hauptaufgabe)

In den beiden letzten Untersuchungsbedingungen (S8, S9) war die Geschwindigkeit frei wählbar; jedoch wurde eine vorgegebene zulässige Höchstgeschwindigkeit angezeigt. Ergänzend wurde daher die zeitliche Dauer der Geschwindigkeitsüberschreitung zur Leistungsbestimmung der simulierten Fahraufgabe berücksichtigt. Der Divisor des NaHa-Index besteht in diesen Schwierigkeitsklassen aus dem Mittelwert der Stanine-Werte der lateralen Abweichung und denen der Zeiten der Geschwindigkeitsübertretung.

---

für x = S8 und x = S9,

$$NaHa - IndexS_{(x)} = \frac{nrzriS_{(x)}}{\left(nldevgS_{(x)} + ndaschS_{(x)}\right)/2}$$

nrzri: normierte Entscheidungszeit bis zu einer richtigen Antwort (Leistung in der Nebenaufgabe)

nldev: normierte laterale Abweichung von der Straßenmitte (Leistung in der Hauptaufgabe)

ndasch: normierte Dauer der Geschwindigkeitsüberschreitung (Leistung in der Hauptaufgabe)

21.5 Die Ausprägung des Nebenaufgabe-Hauptaufgabe-Index mit und ohne Moderatorvariablen

Die Hauptaufgabe bestand in allen Schwierigkeitsstufen der Fahrsimulation darin, das Fahrzeug möglichst auf der Straßenmitte zu steuern. Zusätzlich bestanden in einigen

Untersuchungssituationen weitere Aufgabenanforderungen, die als Moderatorvariablen bei der Berechnung des NaHa-Indexes berücksichtigt wurden. Im folgenden werden die NaHa-Indizes mit und ohne Moderatorvariablen gegenübergestellt. Die Ausprägungen der unterschiedlichen Indizes sind für die unterschiedlichen Schwierigkeitsstufen in der Grafik 28 veranschaulicht.

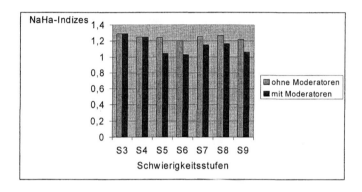

Abbildung 28: Verhältnis der Leistungen in Haupt- und Nebenaufgabe mit und ohne Moderatorvariablen in unterschiedlichen Schwierigkeitssituationen des Laborversuchs

Bei einem Quotienten von 1 liegt ein ausgewogenes Verhältnis vor, während ein Wert unter 1 für die Priorität der Nebenaufgabe spricht. In allen Schwierigkeitsklassen liegen beide Quotienten (mit und ohne Moderatorvariablen) über 1, d.h. die Leistungen der Hauptaufgabe waren generell besser als die in der Nebenaufgabe. Dem Ergebnis zufolge kann davon ausgegangen werden, daß in allen Untersuchungsbedingungen der Bearbeitung der Hauptaufgabe überwiegend instruktionsgemäß Priorität eingeräumt wurde.

Die Abnahme der Quotienten unter Einbeziehung der Moderatorvariablen (S5-S9) kann unter Umständen mit einem Regressionseffekt zum Mittelwert wegen der Mittelung von zwei normalverteilten Populationen zusammenhängen. Da sich die Ergebnisse aber nur in geringem Maße unterscheiden und alle NaHa-Quotienten eine Ausprägung > 1 aufweisen, wurde bei dem weiteren Vorgehen von der Verwendung der Moderatoren abgesehen.

21.6 Die gewählte Bearbeitungspriorität von Haupt- und Nebenaufgabe innerhalb der Untersuchungsstichprobe

Zur Identifikation von Versuchspersonen, die sich während des Laborversuchs instruktionsgemäß verhalten haben, wurden die Einzelleistungen der Teilnehmer in Relation zu den anderen Probanden gesetzt. Hierzu wurden die Mittelwerte der Probanden über alle Schwierigkeitsstufen gebildet und in kumulierte Prozentränge transformiert. Diese Prozentränge wurden der Stanine-Normierung zugeordnet, so daß eine Datenmatrix mit Werten von 1 bis 9 entstand. Die normierten Leistungen der Neben- und Hauptaufgabe sowie die daraus berechneten Quotienten sind in der Grafik 29 abgebildet:

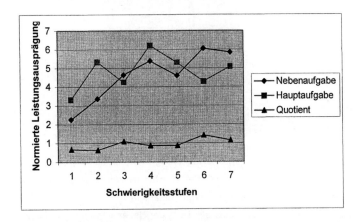

Abbildung 29: Ausprägung der normierten Leistungen in Haupt- und Nebenaufgabe mit den entsprechenden Quotienten

Im ersten Teil der Untersuchung nahmen die Leistungen der Nebenaufgabe mit steigender Situationskomplexität kontinuierlich ab (die normierte Leistungsausprägung wird größer), während sich die Normwerte der Hauptaufgabe in Abhängigkeit von der simulierten Geschwindigkeit veränderten. Im Vergleich zu den Leistungen der Hauptaufgabe wurden bei der Nebenaufgabe in fast allen Schwierigkeitsstufen niedrigere Normwerte (bessere Ergebnisse) erzielt. Im zweiten Teil (S7-S9) des Laborversuchs dominierte hingegen die Nebenaufgabe. Durchschnittlich wurde diese besser bearbeitet als die Hauptaufgabe. Dieser Unterschied zwischen den beiden Teilen des Laborversuchs läßt sich durch die unterschiedlichen Aufgabenstellungen erklären. Während in den ersten vier Untersuchungssituationen (S1-S4) die Schwierigkeit der Hauptaufgabe durch die festgelegte Geschwindigkeit nicht beeinflußt werden konnte, ließ sich die Schwierigkeit im zweiten Teil verringern, indem das Fahrtempo vermindert wurde. Dadurch konnte die Aufgabenanforderung dem individuellen Leistungsniveau entsprechend angeglichen werden, wodurch bessere Ergebnisse in der Nebenaufgabe erzielt wurden. Die verstärkte Aufmerksamkeitszuwendung zur Nebenaufgabe kann zu nachlassenden Leistungen in der Hauptaufgabe geführt haben.

21.7 Die Identifikation instruktionsgerechten Untersuchungsverhaltens

Während der Versuchsdurchführung wurden die Untersuchungsteilnehmer bei den Instruktionen wiederholt darauf hingewiesen, daß in allen Schwierigkeitsstufen die Bearbeitung der Hauptaufgabe Priorität vor der Nebenaufgabe hat. Zahlenmäßig ließ sich die Beachtung dieser Anweisung anhand der individuellen NaHa-Indizes erkennen, wobei demnach die Quotienten in den einzelnen Untersuchungsbedingungen nicht kleiner als 1 sein sollten. Ferner sollte aber auch die Beständigkeit des instruktionsgerechten Verhaltens kontrolliert werden. Zu diesem Zweck wurde nach der Berechnung der Indizes für jede Untersuchungssituation die Verhaltenskonstanz in den unterschiedlichen Bedingungen geprüft. Hierzu wurde festgestellt, wie häufig in den einzelnen Schwierigkeitsstufen instruktionsgemäßes Verhalten registriert wurde. Anhand der Häufigkeitsverteilung die Quotientenwerte der NaHa-Indizes wurde jede Einzelsituation auf 5 gleich große Gruppen geteilt, jede Unterteilung enthielt 20% der Fälle.

Zur Differenzierung von Untersuchungsteilnehmern, die durchgängig einen Schwerpunkt in der Haupt- oder Nebenaufgabe hatten, gegenüber denjenigen ohne konstanten Bearbeitungsschwerpunkt, wurden die Einzelbeträge der Differenzen der Quotienten addiert und so zu einem Gesamtwert als Variable zusammengefaßt. Bei einem konstanten Schwerpunkt bezüglich der Aufgabenpriorität ist die Differenz der zusammengefaßten Quotienten gleich 0. Je größer der Wert ist, desto mehr hat die Versuchsperson hinsichtlich ihres Bearbeitungsschwerpunktes geschwankt. In der Grafik 29 ist die Summe der Differenzen zwischen den Quotienten als Häufigkeitsverteilung für alle Versuchspersonen dargestellt.

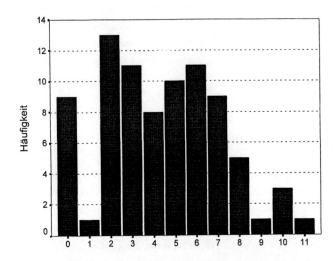

Summe der Differenzen der Naha-Quotienten

Abbildung 30: Häufigkeitsverteilung der Quotientendifferenzen

Nur in 11% der Fälle innerhalb der ausgewerteten Untersuchungsstichprobe waren die Differenzen der Quotienten null, was für eine absolut stabile Schwerpunktsetzung bezüglich der Haupt- oder Nebenaufgabe in den Untersuchungssituationen spricht. Eine durchschnittliche Differenz von einem Normwert pro Untersuchungsbedingung (Summe der Differenzen = 5) wurde als hinreichend zuverlässig definiert. Demnach wurden alle Versuchspersonen mit einer Quotientendifferenz ≤ 5 als zuverlässig hinsichtlich der Prioritätensetzung verstanden, was für 63% der Teilnehmer zutraf. Somit verhielten sich nach den definierten Kriterien etwa zwei Drittel der Probanden hinsichtlich der Prioritätensetzung von Haupt- und Nebenaufgabe weitgehend stabil. Die verbleibenden Datensätze blieben bei den nachfolgenden Berechnungsschritten auf Grundlage des NaHa-Index unberücksichtigt, da in diesen Fällen kein ausreichend kontinuierliches Verhalten protokolliert werden konnte.

Anhand der gemittelten NaHa-Differenzen und definierter Kriterien ließen sich zwei Gruppen von Versuchspersonen bilden, die entweder konstant während der Untersuchung die Bearbeitungspriorität zugunsten der Hauptaufgabe (N = 22) oder Nebenaufgabe (N = 22) gewählt hatten.

21.8 Die Prädiktion der Leistungen im Feld differenziert nach Probandengruppen: Überprüfung der Hypothese J

Die Untersuchungshypothese J besagt, daß bei Probanden, die sich im Laborversuch instruktionsgerecht verhalten haben, die zu erwartenden Leistungen im Feldversuch zuverlässiger vorhersagbar seien als bei Versuchspersonen, bei denen kein instruktionsgemäßes Verhalten deutlich wurde.

In den nachfolgenden Regressionsanalysen wird die Vorhersagegüte für die Leistungen in der Nebenaufgabe im Feldversuch für zwei Gruppen gegenübergestellt. Zum einen Probanden, die sich während des gesamten Laborexperiments instruktionsgemäß verhalten haben und zum anderen für die Probandengruppe, die sich genau entgegen der Instruktion verhalten hat, indem sie der Bearbeitung der Nebenaufgabe Priorität eingeräumt haben.

Auf die erneute Überprüfung der Prädiktion der Feldsituation „Einparken" wird an dieser Stelle verzichtet, da sich diese Verkehrssituation als Kontrollvariable erwiesen hat (vgl. Kap. 21.1). In die Regressionsanalysen gingen jeweils die Entscheidungszeiten der unterschiedlichen Schwierigkeitsstufen der Laboruntersuchung als Prädiktorvariablen ein.

Tabelle 21:   Prädiktion der Entscheidungszeiten in unterschiedlichen Verkehrssituationen im Feld differenziert nach unterschiedlichen Probandengruppen des Laborversuchs

Keine Klassifikation	Priorität Nebenaufgabe	Priorität Hauptaufgabe
F-Wert	12,344	5,377
Signifikanz	;003**	,018*
R^2	,588	,743
Spurwechsel	**Priorität Nebenaufgabe**	**Priorität Hauptaufgabe**
F-Wert	,530	3,823
Signifikanz	,795	,018*
R^2	,252	,673
Abbiegen links	**Priorität Nebenaufgabe**	**Priorität Hauptaufgabe**
F-Wert	3,193	4,343
Signifikanz	,042*	,011*
R^2	,670	,700
Abbiegen rechts	**Priorität Nebenaufgabe**	**Priorität Hauptaufgabe**
F-Wert	,464	4,511
Signifikanz	,841	,009**
R^2	,228	,708

** Wert ist auf dem Niveau von $p \leq 0,01$ signifikant
* Wert ist auf dem Niveau von $p \leq 0,05$ signifikant

Während bei der Probandengruppe mit Hauptaufgabenpriorität für alle Verkehrssituationen signifikante F-Werte bestehen, erreichen in der Versuchspersonengruppe mit Bearbeitungspriorität der Nebenaufgabe lediglich zwei F-Werte das Signifikanzkriterium (Abbiegen links, keine Klassifikation). Auch hinsichtlich der R^2-Werte besteht ein deutlicher Unterschied zwischen den Gruppen. Die Werte sind bei den Versuchspersonen, die sich instruktionsgerecht verhalten haben, in fast allen Verkehrssituationen deutlich stärker ausgeprägt. Für diese Probanden können etwa 70% der Varianz der Kriteriumsvariablen durch die Prädiktoren vorhergesagt werden. Dagegen sind bei Probanden, die sich nicht entsprechend der Versuchsinstruktion verhalten haben, die R^2 in allen untersuchten Verkehrssituationen deutlich niedriger ausgeprägt. Das vorliegende Ergebnis bestätigt die Untersuchungshypothese J.

Auch im Vergleich mit den R^2-Werten der Regressionsanalysen auf Grundlage der Gesamtstichprobe (vgl. Kap. 21.1) sind die R^2 bei den Untersuchungsteilnehmern, die sich instruktionsgemäß verhalten haben, in den allen Verkehrssituationen höher ausgeprägt als die der Gesamtstichprobe.

Hinsichtlich des Alters und des Geschlechts ergaben sich keine statistisch relevanten Korrelationen mit dem Quotienten aus der Haupt- und Nebenaufgabe. Demzufolge kann nicht davon ausgegangen werden, daß sich vor allem Männer bzw. Frauen oder Probanden einer bestimmten Altersgruppe besonders instruktionsgemäß verhalten haben.

21.9 Zusammenfassung

Die Prädiktion der zu erwartenden Leistungen in der Nebenaufgabe im Feldversuch auf Grundlage der Laboruntersuchung ist ein zentraler Bestandteil der vorliegenden Arbeit. Die regressionsanalytische Datenauswertung zeigt, daß insbesondere die Laborsituation mit der größtmöglichen Verhaltensvariabilität den besten Vorhersagewert für alle untersuchten Verkehrssituationen erbringt. Die Situation des „Einparkens" stellt sich als nur eingeschränkt prognostizierbar heraus und übernimmt dabei die Funktion einer Kontrollvariable für das Meßinstrumentarium. Der Vorgang des Einparkens hebt sich deutlich von den übrigen Fahrtätigkeiten ab und findet auch empirisch keine Entsprechung im simulierten Laborszenario.

Auch bei der Vorhersage der Herzrate auf Grundlage der Labordaten ergaben sich gute Vorhersagemöglichkeiten. Hier hatte die leichteste Laborbedingung, die ohne Nebenaufgabe durchgeführt wurde, den besten Vorhersagewert für die Herzrate im Feldversuch. Dies entspricht der subjektiv eingeschätzten Schwierigkeit durch die Versuchspersonen, die die Laboruntersuchung als schwieriger bewerteten als den Feldversuch. Vor allem die Bearbeitung der Nebenaufgabe während der Fahrsimulation wurde als schwierig empfunden.

Die Forschungshypothesen G und H, die eine Vorhersagemöglichkeit der Herzrate und der Entscheidungszeit in der Felduntersuchung postulieren, konnten durch die vorliegenden Ergebnisse bestätigt werden.

Empirisch konnte anhand des NaHa- Indexes das instruktionsgemäße Verhalten der Untersuchungsteilnehmer bestimmt werden. Auf Grundlage dieser differenzierten Analyse der Gesamtstichprobe wurden zwei Gruppen von Probanden identifiziert, die sich hin-

sichtlich des gewählten Bearbeitungsschwerpunktes zugunsten der Haupt- oder Nebenaufgabe unterscheiden ließen. Ein Vergleich dieser Gruppen bezüglich der regressions-
analytischen Vorhersagegüte des Verhaltens im Feldversuch ergab, daß für Untersuchungsteilnehmer, die sich instruktionsgemäß verhielten, die höchsten Prädiktionsmaße
bezüglich der Entscheidungszeiten im Feldversuch erzielt wurden. Die Höhe der Vorhersagewerte auf Grundlage dieser Probandengruppe übertraf auch die Vorhersagegüte, die
anhand der Gesamtstichprobe erzielt wurde, was als Hinweis für die Validität des Meßin-
strumentes verstanden werden kann. Die Untersuchungshypothese J konnte durch das
vorliegende Ergebnis bestätigt werden.

22 Untersuchung der weiteren Forschungsfragen

Die Forschungsfragen, denen im Folgenden nachgegangen wird, beziehen sich auf den
biographischen Hintergrund der Probanden und ihre subjektive Einschätzung der Beanspruchung durch die Untersuchung. Aus den formulierten Forschungsfragen wurden keine
expliziten Hypothesen abgeleitet, dennoch sind sie für die umfassende Betrachtung des
Untersuchungsinstruments von Bedeutung.

22.1 Altersspezifische Einflüsse auf die Leistungen in der La-
boruntersuchung

Die Einflüsse des Alters auf die Leistungen im Laborversuch in der Haupt- und Nebenaufgabe wurden mittels Korrelationen untersucht. Es wurde angenommen, daß die kognitiven
Leistungen mit zunehmendem Lebensalter nachlassen, was sich in den Entscheidungszeiten der Nebenaufgabe abzeichnen sollte. Dieser Effekt wurde vor allem für die Laboruntersuchung angenommen, da hierbei die Bearbeitung einer vollkommen unbekannten
Aufgabenstellung gefordert war. Es wurde erwartet, daß es den Probanden mit steigendem Alter schwerer fällt, sich in neuartigen Situationen zurechtzufinden und fremde Aufgabenstellungen sicher zu bearbeiten.

Bei der Bearbeitungsleistung der Hauptaufgabe besteht ein signifikanter Zusammenhang
zwischen dem Alter und der lateralen Abweichung von der Straßenmitte in fast allen
Schwierigkeitsstufen des ersten Teils des Laborversuchs. Mit zunehmendem Alter erhö-
hen sich die Abweichungen von der Fahrbahnmitte. In den nachfolgenden Untersu-

chungssituationen mit freier Geschwindigkeitswahl besteht dieser Zusammenhang in zwei von drei Untersuchungsbedingungen hingegen nicht mehr. Um die Abweichungen gering zu halten, haben ältere Untersuchungsteilnehmer offenbar ihre Fahrgeschwindigkeit und damit die Aufgabenschwierigkeit reduziert, was auch durch die signifikant negative Korrelation ($r = -{,}566$; $p = {,}000^{**}$) zwischen dem Alter der Probanden und der mittleren gewählten Geschwindigkeit bestätigt wird.

Tabelle 22 Signifikante Korrelation zwischen dem Alter der Versuchspersonen und der lateralen Abweichung im Laborversuch

Schwierigkeitsstufe	Korrelation mit Alter	Signifikanz
Laterale Abweichung S4	$r = {,}260$	,014*
Laterale Abweichung S5	$r = {,}253$	,018*
Laterale Abweichung S6	$r = {,}449$	,000**
Laterale Abweichung S9	$r = {,}224$	,038*

** Korrelation ist auf dem Niveau $p \leq 0{,}01$ signifikant

* Korrelation ist auf dem Niveau $p \leq 0{,}05$ signifikant

Angesichts der signifikanten Korrelationen des Alters mit den Leistungen in der Nebenaufgabe zeigt sich ein deutlicher positiver Zusammenhang in allen Schwierigkeitsstufen des zweiten Teils der Laboruntersuchung (S7- S9: Geschwindigkeit wurde vom Probanden bestimmt). Mit zunehmendem Alter der Untersuchungsteilnehmer nehmen die Entscheidungszeiten signifikant zu, obwohl die gefahrene Geschwindigkeit abnimmt. Der Zusammenhang zwischen Alter und Entscheidungszeit beträgt über den gesamten Laborversuch hinweg $r = {,}333$ ($p= {,}002^{**}$). Die Bearbeitung der Hauptaufgabe beanspruchte ältere Teilnehmer im zweiten Teil der Untersuchung offenbar so stark, daß sie die Geschwindigkeit verringerten und dennoch ihre Leistungen in der Nebenaufgabe abnahmen.

Tabelle 23 Signifikante Korrelationen zwischen dem Alter der Versuchspersonen und den Entscheidungszeiten in der Nebenaufgabe im Laborversuch

Schwierigkeitsstufe	Korrelation mit Alter	Signifikanz
Entscheidungszeit S5	r = ,312	,003**
Entscheidungszeit S7	r = ,212	,047*
Entscheidungszeit S8	r = ,305	,004**
Entscheidungszeit S9	r = ,343	,001**

** Korrelation ist auf dem Niveau $p \leq 0,01$ signifikant
* Korrelation ist auf dem Niveau $p \leq 0,05$ signifikant

Mit zunehmendem Alter kam es in mehreren Verkehrssituationen der Felduntersuchung (keine Klassifikation, Abbiegen links und rechts) zu einer Verlangsamung der Entscheidungszeiten bei der Nebenaufgabe. Außerdem existierte ein überzufälliger Zusammenhang zwischen Alter und dem prozentualen Fehleranteil über den gesamten Versuch hinweg von r = ,263 (p < ,042).

Ebenso wie im Labor, zeigte sich aber in keiner Situation im Feld ein bedeutsamer Zusammenhang zwischen Alter und Herzrate.

Zusammenfassend ist festzustellen: Sowohl im Labor als auch im Feld reagierten Ältere bei der Bearbeitung der Nebenaufgabe - trotz ihrer größeren Fahrpraxis – langsamer als jüngere Untersuchungsteilnehmer.

22.2 Geschlechtsspezifische Einflüsse auf die Leistungen in der Laboruntersuchung

Bezüglich des Geschlechts der Untersuchungsteilnehmer wurden keine Leistungsunterschiede in der Labor- oder Felduntersuchung angenommen.

Bei den Leistungen in der simulierten Fahraufgabe (laterale Abweichung, mittlere Geschwindigkeit) bestanden keinerlei bedeutsame Geschlechtsunterschiede.

Bei einem Vergleich von Männern und Frauen bezüglich der Leistungen in der Nebenaufgabe zeigten Frauen in allen Untersuchungssituationen (S1 – S9) durchweg längere Entscheidungszeiten. Diese Unterschiede erwiesen sich jedoch bei einem t-Test für unabhängige Stichproben lediglich in der letzten Untersuchungsbedingung als statistisch signifikant.

Tabelle 24 Vergleich der mittleren Entscheidungszeiten von Männern und Frauen in den unterschiedlichen Schwierigkeitsstufen des Laborversuchs

Schwierig-keitsstufen	N Frauen/Männer	Mittelwert Frauen/Männer	Standard-abweichung Frauen/Männer	t-Wert (df)	Signifikanz
S3	28 /62	1,27 /,96	,925 /,397	1,69 (31)	,100
S4	28 /62	2,36 /1,30	2,93 /,85	1,88 (29)	,069
S5	28 /62	3,41 /1,88	4,10 /1,073	1,93 (28)	,063
S6	28 /62	3,35 /2,45	2,73 /1,53	1,63 (34)	,111
S7	28 /61	2,44 /1,96	1,46 /1,14	1,67 (87)	,133
S8	28 /60	4,00 /3,30	3,39 /2,71	1,01 (86)	,354
S9	27 /61	4,45 /2,77	4,14 /1,69	2,04 (29)	,050*

* Wert ist auf dem Niveau $p \leq 0,05$ signifikant

Auch in der Felduntersuchung bearbeiteten Männer die Nebenaufgabe in einigen Verkehrssituationen tendenziell schneller als Frauen.

Tabelle 25 Ergebnis eines t-Tests für unabhängige Stichproben: Vergleich der mittleren Entscheidungszeiten von Männern und Frauen in den unterschiedlichen Verkehrssituationen des Feldversuchs

Schwierig-keitsstufen	N Frauen/ Männer	Mittelwert Frauen/Männer	Standard-abweichung Frauen/Männer	t-Wert (df)	Signifikanz
Abbiegen links	26 / 60	5,55 / 3,46	3,65 /2,35	2,23 (29)	,033 *
Abbiegen rechts	26 / 59	5,47 / 3,83	4,56 /2,07	2,10 (34)	,043 *
Einparken	20 / 56	5,12 / 5,87	4,26 / 5,27	-,632 (41)	,531
Spur-wechsel	26 / 59	6,25 / 3,71	5,45 /1,95	2,31 (27)	,028 *
Ohne Klassi-fikation	26 / 61	2,69 / 2,04	1,76 / 1,05	1,77 (32)	,085

* Wert ist auf dem Niveau p ≤ 0,05 signifikant

Bezüglich der Herzrate existiert in keiner der klassifizierten Verkehrssituationen ein bedeutsamer Unterschied zwischen Männern und Frauen.

22.3 Subjektives Befinden nach der Untersuchungsdurchführung

Die subjektive Einschätzung der Labor- und Felduntersuchung wurde mit einem Fragebogen erhoben, in dem die empfundene Aufgabenschwierigkeit und das subjektive Erleben der Untersuchungsteilnehmer dokumentiert wurden. Eine nähere Erläuterung des im Anhang befindlichen Fragebogens ist in Kapitel 14 zu finden.

Angesichts der empfundenen Aufgabenschwierigkeit, die sich aus den Antworten des Feedback-Fragebogens zusammensetzen, wurde die Laboruntersuchung als belastender beurteilt als der Feldversuch. Wobei die Bearbeitung der Nebenaufgabe sowohl im Labor- als auch im Feldversuch als belastender eingestuft wurde als die der Fahraufgabe. In der folgenden Abbildung sind die Aufgaben der Labor- und Felduntersuchung hinsichtlich der mittleren empfundenen Beanspruchung der Untersuchungsteilnehmer in einer Rangfolge dargestellt:

Nebenaufgabe Labor-untersuchung	Hauptaufgabe Labor-untersuchung	Nebenaufgabe Felduntersuchung	Hauptaufgabe Felduntersuchung
>	>	>	>

Abbildung 31: Rangfolge der subjektiv erlebten Beanspruchung bei der Bearbeitung der unterschiedlichen Aufgabenanforderungen

Da die Untersuchungsteilnehmer ausnahmslos über eine jahrelange Fahrroutine verfüg-ten, scheint es nicht verwunderlich, daß eine Autofahrt durch die Kölner Innenstadt im Vergleich zu der ungewohnten Aufgabenstellung der Fahrsimulation, in der die Einfluß-nahme nur begrenzt möglich war und deren Aufgabenanforderungen zudem größtenteils sehr komplex waren, als weniger beanspruchend empfunden wurde. Ebenso verhält es sich mit der sehr abstrakten Aufgabenanforderung der Nebenaufgabe, einer ungewohnten Tätigkeit für alle Beteiligten, die vielleicht daher als beanspruchender empfunden wurde, als die jeweilige Fahraufgabe.

Bei der Betrachtung des Zusammenhangs zwischen der subjektiv eingeschätzten Bean-spruchung und der physiologisch gemessenen Beanspruchung zeigte sich eine signifikant positive Korrelation zwischen der subjektiven Einschätzung der Überforderung bei der Bearbeitung der Nebenaufgabe im Labor und der Herzrate. Dieser Zusammenhang be-stand in allen Schwierigkeitsstufen der Laboruntersuchung (r = ,288-,334, p<,05). In der Felduntersuchung ließen sich hingegen keine statistisch bedeutsamen Zusammenhänge zwischen der subjektiv eingeschätzten Beanspruchung und der Herzrate erkennen.

22.4 Geschlechtsspezifische Unterschiede hinsichtlich der Befindlichkeit nach der Untersuchungsdurchführung

Im Anschluß an die Laboruntersuchung gaben Männer im Vergleich zu Frauen an, sich tendenziell durch die Fahraufgabe stärker unterfordert gefühlt zu haben. Ebenso beurteil-ten die Männer die Fahraufgabe signifikant weniger ermüdend als die Unter-suchungsteilnehmerinnen (p<.01; Mann-Whitney-U-Test). Tendenziell schätzten männli-che Probanden die Fahraufgabe weniger anstrengend ein als Frauen. Die weniger bela-stende Einschätzung der Fahraufgabe seitens der männlichen Untersuchungsteilnehmer lassen sich vielleicht angesichts der deutlich stärker ausgeprägten Fahrroutine erklären (vgl. Kap. 7.2).

In der Beurteilung der Nebenaufgabe bestand hingegen weder bei der Feld- noch in der Laboruntersuchung ein geschlechtsspezifischer Unterschied.

22.5 Altersspezifische Unterschiede der Befindlichkeit

Mit zunehmendem Alter der Untersuchungsteilnehmer wurde sowohl die Fahraufgabe im Labor ($r = .31$; $p<.05$), als auch die Nebenaufgabe des Laborversuchs ($r =.23$; $p<.05$) als weniger ermüdend erlebt.

Je älter die Untersuchungsteilnehmer in der Felduntersuchung waren, desto weniger anstrengend ($r =.23$; $p<.05$) und ermüdend ($r = .21$; $p<.05$) bewerteten sie die Fahraufgabe und desto eher fühlten sie sich dadurch unterfordert ($r =.25$; $p < .05$). Je älter die Versuchspersonen waren, desto weniger schwer empfanden sie die Fahraufgabe sowohl zu Beginn der Untersuchung ($r = -.21$; $p < .05$) als auch gegen Ende des Versuchs ($r = -.25$; $p < .05$).

Hinsichtlich der Einschätzung der Nebenaufgabe ergaben sich bei der Felduntersuchung keine signifikanten Alterseinflüsse.

Die Laboruntersuchung und vor allem der Fahrversuch stellten vor diesem Hintergrund keine besondere subjektive Beanspruchung für ältere Probanden dar. Möglicherweise wurde gerade die Fahraufgabe aufgrund der ausgeprägteren Fahrroutine als leichter zu bewältigen eingeschätzt. Bei diesem Ergebnis ist jedoch auch in Betracht zu ziehen, daß älteren Teilnehmer ihre Leistungsfähigkeit im Straßenverkehr möglicherweise besonders positiv herausstellen wollten.

22.6 Zusammenfassung

Entgegen der Annahme, es existierten keine geschlechtsspezifischen Unterschiede in der Leistung im Feldversuch, traten in drei Verkehrssituationen geschlechtsspezifische Unterschiede in der Bearbeitungsleistung der Nebenaufgabe auf: Frauen reagierten langsamer als Männer. Auch im Labor war dieser Unterschied tendenziell in allen Untersuchungsbedingungen beobachtbar, wobei Frauen aber nur in einer Untersuchungssituation signifikant längere Entscheidungszeiten benötigten.

In der Leistung der Hauptaufgabe waren hingegen keinerlei Unterschiede festzustellen, die sich auf das Geschlecht zurückführen lassen.

Bei der subjektiven Einschätzung der Beanspruchung durch die Untersuchung zeigten sich relevante Geschlechtsunterschiede: Männer beschrieben sich durch den Versuch als weniger beansprucht als Frauen.

Zu einer weitgehend kontinuierlich verlaufenden Leistungsverschlechterung kam es mit zunehmendem Alter der Probanden: Mit steigendem Alter nahmen die Leistungen in der Nebenaufgabe des Labor- und Feldversuchs ab. Aber auch bei der Hauptaufgabe im Laborversuch erzielten ältere Untersuchungsteilnehmer schlechtere Leistungen. Die Verschlechterung der Ergebnisse mit zunehmendem Alter stehen im Widerspruch zur subjektiv eingeschätzten Beanspruchung der Untersuchungsteilnehmer. Hier war festzustellen, daß mit zunehmendem Alter der Laborversuch und in noch stärkerem Maße der Feldversuch als weniger belastend eingeschätzt wurden.

23 Diskussion

23.1 Diskussion der Laborparameter

Als mentaler Beanspruchungsindikator wurden die Leistungen der Nebenaufgabe im Labor bestimmt. Hierzu wurden die Entscheidungszeiten bis zu einer richtigen Antwortreaktion ausgewertet. Als physiologisches Beanspruchungsmaß wurde die Herzrate erhoben. Die Leistungen in der Hauptaufgabe wurden anhand unterschiedlicher Variablen betrachtet, wobei die laterale Abweichung zum Straßenrand als zentrales Leistungsmaß galt, da dieses Maß kontinuierlich über die gesamte Untersuchungsdurchführung erhoben wurde, während das zweite Maß, die erfolgten Bremsreaktionen, nur in zwei Untersuchungssituationen erforderlich war.

23.1.1 Der mentale Beanspruchungsparameter: Hypothese A

In der Hypothese A wird angenommen, daß die Leistungen in der Nebenaufgabe des Laborexperimentes mit zunehmender Komplexität und Schwierigkeit der Hauptaufgabe abnehmen. Dabei wurde in der vorliegenden Studie unterschieden zwischen dem Schwierigkeitsgrad der Aufgabenstellung, der anhand des simulierten Fahrtempos variierte, und der Komplexität der Hauptaufgabe, die durch unterschiedliche Verkehrszeichen beeinflußt wurde. Das vorliegende Untersuchungsergebnis (vgl. Kap. 19.1) bestätigt die Untersuchungshypothese A. Sowohl die Schwierigkeit als auch die Komplexität der Hauptaufgabe haben Einfluß auf die Leistungen der Probanden in der Nebenaufgabe. Die verschiedenen Schwierigkeitsstufen unterscheiden sich signifikant hinsichtlich der benötigten Entscheidungszeiten bei der Bearbeitung der Nebenaufgabe.

Entsprechend der theoretischen Grundlage des Doppelaufgabenparadigmas (vgl. Kap. 3.1.2) wird davon ausgegangen, daß die mentale Verarbeitungskapazität mit steigender Komplexität und Schwierigkeit der Hauptaufgabe zunehmend ausgeschöpft wird. Dies führt zu einer Abnahme der mentalen Restverarbeitungskapazität, was sich in der erwarteten Leistungsverschlechterung der Nebenaufgabe deutlich zeigt.

NEUMANN (1987) geht im Gegensatz zu den oben beschriebenen Ergebnissen davon aus, daß sich eine Leistungsverschlechterung in einer zweiten Aufgabe nur dann zeigt, wenn die erste Aufgabenstellung an Komplexität zunimmt. Bei einer reinen Erhöhung der Aufgabenschwierigkeit sollten die Leistungen in der zweiten Aufgabe hingegen unbeeinflußt bleiben. Diese Annahme begründet der Autor mit dem Mechanismus der Handlungsplanung. Die Planung für eine zukünftige Handlung findet dabei statt, während eine aktuelle Aufgabe bearbeitet wird. Durch diese Handlungsplanung kann es zu einer Leistungsverminderung der gerade ausgeführten Handlung kommen. Eine erhöhte Aufgabenschwierigkeit sollte sich demzufolge nur auf die Leistungen einer weiteren Tätigkeit auswirken, wenn dadurch die Handlungspläne an Komplexität gewinnen (vgl. Kap. 3.4).

Diese Annahme kann durch das vorliegende Ergebnis nicht bestätigt werden. Die Daten erlauben vielmehr den Schluß, daß auch eine zunehmende Aufgabenschwierigkeit bei konstantem Komplexitätsgrad der Aufgabenstellung zu einer statistisch bedeutsamen Abnahme der Leistungen in der Nebenaufgabe führt. Das vorliegende Ergebnis wird weniger im Zusammenhang mit dem Prozeß der Handlungsplanung gesehen, als vielmehr auf die begrenzte Verarbeitungskapazität des Arbeitsgedächtnisses zurückgeführt.

23.1.2 Die physiologische Beanspruchung: Hypothese B

In der Untersuchungshypothese B wird davon ausgegangen, die mittlere Herzrate sei in schwierigen und komplexen Untersuchungssituationen des Laborexperiments höher, als in weniger schwierigen Untersuchungssituationen.

Mit dem vorliegenden Untersuchungsergebnis (vgl. Kap. 19.2) kann die Untersuchungshypothese B klar bestätigt werden. Die Herzrate als physiologisches Beanspruchungsmaß weist einen deutlichen Zusammenhang mit der Komplexität der simulierten Fahraufgabe auf. Auch eine Zunahme des simulierten Fahrtempos, mit dem sich die Schwierigkeit der Hauptaufgabe erhöht, geht mit einer Steigerung der mittleren Herzrate einher. Dieser Befund wird in Übereinstimmung mit den von FÄRBER (1987) berichteten Ergebnissen gesehen, bei denen sich ein klarer Zusammenhang zwischen der mittleren Herzrate und der von Experten eingeschätzten Schwierigkeit von Verkehrssituationen zeigte.

Entgegen den Befürchtung von KLIMMER & RUTENFRANZ (1989), daß die Herzrate u.a. durch körperliche Aktivitäten und Umgebungsfaktoren so stark überlagert werden kann, daß psycho-mentale Beanspruchungen nicht mehr deutlich erkennbar sind, da andere Anforderungen einen stärkeren Einfluß auf die Herzschlagfrequenz ausüben, führt in der vorliegenden Arbeit auch eine zunehmende Komplexität der Aufgabenstellung zu statistisch bedeutsamen Unterschieden in der Herzrate.

Lediglich zwischen zwei Untersuchungssituationen besteht kein signifikanter Unterschied in den mittleren Herzraten: Die Schwierigkeltsstufe, in der ausschließlich die Hauptaufgabe bearbeitet wurde, und die Untersuchungssituation in der erstmalig zusätzlich die Nebenaufgabe ausgeführt wurde. Dieses Ergebnis entspricht dem von FÄRBER (1987) geforderten Kriterium für Doppelaufgaben (vgl. Kap. 3.3), nach dem keine allgemeine Arousalerhöhung aus der Aufgabenstellung der Nebenaufgabe resultieren soll.

23.1.3 Die Leistungen in der Hauptaufgabe: Hypothese C

In der Forschungshypothese C wird davon ausgegangen, daß eine Erhöhung der Aufgabenschwierigkeit (simulierte Fahrgeschwindigkeit) zu Leistungseinbußen in der Hauptaufgabe führt.

Anhand der Ergebnisse der lateralen Abweichung von der Straßenmitte wurde die Untersuchungshypothese C unterstützt, da bestätigt werden konnte, daß die Leistungen in der Hauptaufgabe mit zunehmender Fahrgeschwindigkeit in statistisch bedeutsamen Maße abnahmen (vgl. Kap. 19.3). Außerdem traten bei einem höheren Fahrtempo vermehrt falsche Bremsreaktionen auf (vgl. Kap. 19.3.1).

Diese Ergebnisse entsprechen somit den Aussagen PFENDLERs (1982), wonach die Beanspruchung während einer Lenkaufgabe u.a. in Abhängigkeit von der simulierten Fahrgeschwindigkeit variiert (vgl. 3.2.3.3). Auch KÜTING (1977) geht davon aus, daß der Fahrer die Beanspruchung, die aus einer vorherrschenden Verkehrssituation resultiert, durch die Wahl des Fahrttempos in einem gewissen Maße beeinflussen kann. Durch eine geringere Fahrtgeschwindigkeit kann die Informationsfülle, mit der der Fahrer pro Zeiteinheit konfrontiert wird, reduziert werden.

Bei einem Vergleich der Leistungen in Haupt- und Nebenaufgabe in den beiden letzten Untersuchungssituationen des Laborexperiments ist bemerkenswert, daß die Ausprägungen der beiden Leistungsmaße entgegengesetzt verlaufen. In beiden Schwierigkeitsstufen wurde das Fahrtempo vom Probanden bestimmt, wobei in der achten Situation die Geschwindigkeit von 50 Kilometern in der Stunde nicht überschritten werden sollte, während die zulässige Höchstgeschwindigkeit der neunten Schwierigkeitsstufe 80 Kilometer pro Stunde betrug. Bei der lateralen Abweichung zeigten sich in der achten Situation geringere Abweichungen als in der letzten Schwierigkeitsstufe, die Leistungen in der Nebenaufgabe waren hingegen vergleichsweise schlechter. Dieses Ergebnis legt die Annahme nahe, daß ein geringeres Fahrtempo das Spurhalten vereinfacht, während die kognitiven Anforderungen in der achten Situation, aufgrund des geringeren Verhaltensspielraumes der Probanden, vergleichsweise höher waren. Das Einhalten der Geschwindigkeitsbegrenzung stellt vor allem eine kognitive Anforderung dar, da die gefahrene Ist-Geschwindigkeit ständig mit der zulässigen Höchstgeschwindigkeit verglichen werden mußte und gegebenenfalls eine Anpassung zu erfolgen hatte, die aus einer Rücknahme des Gaspedals oder dem Betätigen der Bremse bestehen konnte. In Anlehnung O'DONNELL & EGGEMEIER (1986) wird auch bei der vorliegenden simulierten Fahraufgabe davon ausgegangen, daß die Ausführung dieser Trackingaufgabe sowohl motorische als auch kognitive Anforderungen beinhaltet (vgl. Kap. 3.2.3).

Die Ergebnisse der beschriebenen Arbeit lassen aber auch erkennen, daß die Leistungen der Hauptaufgabe durch die Komplexität der Fahraufgabe beeinflußt werden. Die zusätzliche Bearbeitung der Nebenaufgabe führte zu Leistungsabnahmen in der Hauptaufgabe. Dem von ODGEN et al. (1979) geforderten Kriterium, daß es keine Interferenzen zwischen der Ausführung der Hauptaufgabe und der Bearbeitung der Nebenaufgabe geben soll, konnte somit nicht vollständig Rechnung getragen werden. Dem gegenüber kommt GRIMM (1988) bei seiner Bewertung von Doppelaufgaben zu dem Schluß, daß die Ausführung der Hauptaufgabe in der praktischen Umsetzung fast immer durch den Einsatz von Nebenaufgaben beeinflußt wird.

23.1.4 Reliabilitätsanalyse der Laboruntersuchung: Hypothese D

Entsprechend der Untersuchungshypothese D wurden deutliche Zusammenhänge zwischen den erhobenen Daten in der Hauptuntersuchung und denen der Pilotstudie des Laborexperimentes erwartet.

Die Untersuchungshypothese D kann auf Grundlage des vorliegenden Untersuchungsergebnisses (vgl. Kap. 19.4) bestätigt werden. Eine statistisch abgesicherte Kovariation zwischen den erhobenen Daten der Pilot- und Hauptuntersuchung im Laborversuch wurde nachgewiesen: Die Korrelation der Daten aus der Pilotstudie und Hauptuntersuchung zeigen deutliche Zusammenhänge zwischen den Meßzeitpunkten. Der Konsistenzkoeffizient der Pilot- und Hauptmeßreihe belegt eine hohe Übereinstimmung der Meßkriterien zu beiden Untersuchungszeitpunkten. Es kann demnach davon ausgegangen werden, daß es sich bei der Laboruntersuchung um eine reliable Messung mit einer ausgeprägten Aufgabenhomogenität handelt.

Das vorliegende Ergebnis deckt sich mit einer von PFENDLER (1982) durchgeführten Reliabilitätsstudie. Auch er differenzierte unterschiedliche Beanspruchungen anhand einer Nebenaufgabe und kam dabei zu zufriedenstellenden Retest-Reliabilitätsmaßen.

23.2 Diskussion der Feldparameter

In der verkehrspsychologischen Forschung werden oftmals Verkehrssituationen hinsichtlich verschiedener Merkmale differenziert, um Aussagen über die spezifischen Anforderungen an den Kraftfahrer zu treffen. In Studien zur Beanspruchungsmessung des Kraftfahrers wird dabei das Fahrverhalten meist im Zusammenhang mit den resultierenden Situationserfordernissen beurteilt (vgl. Kap. 6). Nach FASTENMEIER (1995) werden die Anforderungen an den Kraftfahrer im entscheidenden Maße durch die erforderliche Informationsverarbeitung und die notwendigen Fahrzeugbedientätigkeiten determiniert. (vgl. Kap. 6.2.3).

In der vorliegenden Feldstudie wurden Verkehrssituationen wie das normale Geradeausfahren, Einparken, Spurwechsel oder Abbiegemanöver unterschieden. Bei den Abbiegevorgängen wurde zusätzlich zwischen Abbiegemanövern in komplexen und weniger komplexen Verkehrssituationen differenziert (vgl. Kap. 11.3).

Als mentaler Beanspruchungsparameter diente die Leistung in der Nebenaufgabe, zusätzlich wurde die physiologische Beanspruchung anhand der Herzrate bestimmt.

23.2.1 Mentale und physiologische Beanspruchungsmessung im Feldversuch: Hypothese E und F

Anhand des mentalen und kognitiven Beanspruchungsparameters konnte die grundlegende Annahme, daß die klassifizierten Verkehrssituationen mit unterschiedlichen Beanspruchungen einhergehen, tendenziell bestätigt werden, wobei beide Beanspruchungsmaße miteinander kovariieren (vgl. Kap. 20.1).

In der Untersuchungshypothese E ist formuliert, daß die Leistungen in der Nebenaufgabe bei komplexen Abbiegevorgängen geringer sind als bei Abbiegevorgängen, die als einfach klassifiziert wurden.

Die Untersuchungsergebnisse zeigen aber, daß nur bei einigen Abbiegemanövern, die als komplex kodiert worden waren, eine verringerte mentale Restverarbeitungskapazität im

Vergleich zu weniger komplexen Abbiegevorgängen nachgewiesen werden konnte. Die Untersuchungshypothese E kann daher nur eingeschränkt als bestätigt gelten, da die Differenzierung unterschiedlich komplexer Abbiegevorgänge lediglich teilweise gelang (vgl. Kap. 20.2). Auch wenn die Ergebnisse sich teilweise als hypothesenkonform erweisen, konnte kein vergleichbar klarer Zusammenhang zwischen der mentalen Restverarbeitungskapazität und dem Belastungsgrad von Verkehrssituationen hergestellt werden, wie das etwa WIEGAND (1991) oder HARMS (1991) gelang.

In Hypothese F wird angenommen, daß die mittlere Herzrate als physiologisches Beanspruchungsmaß bei komplexen Abbiegevorgängen höher ist als bei weniger komplex bewerteten Abbiegemanövern.

Aufgrund der vorliegenden Ergebnisse kann diese Hypothese ebenfalls nicht als bestätigt gelten. Bei der Herzrate ergaben sich keinerlei überzufällige Unterschiede zwischen komplexen und einfachen Abbiegemanövern (vgl. Kap. 20.2). Die Untersuchungshypothese F mußte daher aufgrund des vorliegenden Ergebnisses verworfen werden. Der erfolgreiche Einsatz kardiovaskulärer Beanspruchungsindikatoren für verkehrspsychologische Fragestellungen, wie er von BROOKHUIS & DE WAARD (1993) und FELNÈMETI & BOON-HECKL (1985) berichtet wird, konnte nicht in gleichem Maße bestätigt werden.

Auf ein generelles Problem beim Einsatz der Herzrate als physiologischem Beanspruchungsparameter weist KÜTING (1977) hin: Die Herzrate reagiert nur träge und das Ausgangsniveau wird dementsprechend nur langsam wieder erreicht, was die Erfassung kurzfristiger Beanspruchungsspitzen erschwert. Veränderungen, die aus einer vermehrten Beanspruchung resultieren, kommen daher mit einer zeitlichen Verzögerung zum Ausdruck, was in der vorliegenden Studie dazu geführt haben kann, daß Veränderungen nicht mehr innerhalb des relevanten Erhebungszeitpunktes auftraten.

23.3 Die Prädiktion der Beanspruchung im Feld auf Grundlage der Labordaten

In einem ersten Schritt der Datenauswertung wurde, auf Grundlage der erhobenen Laborparameter, die zu erwartende mentale und physiologische Beanspruchung für die Felduntersuchung ermittelt. Anschließend wurden Prädiktionsmaße für unterschiedliche Probandengruppen bestimmt, die sich hinsichtlich des gewählten Bearbeitungsschwerpunktes von Haupt- und Nebenaufgabe unterscheiden. Ausgehend von der von ODGEN et al. (1979) formulierten Annahme, daß die gewählte Prioritätensetzung bei der Aufgabenbearbeitung für die anschließende Dateninterpretation entscheidend ist, wurde das instruktionsgerechte Versuchsverhalten der Probanden untersucht, indem die Leistungen der Haupt- und Nebenaufgabe in einem Quotienten gegenübergestellt wurden (vgl. Kap. 21.3 - 21.7). Bei einer instruktionsgerechten Prioritätensetzung zugunsten der Hauptaufgabe wird davon ausgegangen, daß die erzielten Leistungen in der Nebenaufgabe das Ausmaß der vorhandenen mentalen Restverarbeitungskapazität am besten widerspiegeln.

23.3.1 Prädiktion der mentalen Beanspruchung im Feldversuch: Hypothese G

Basierend auf den Studien der Autoren des FAT-Projekts (o.V., 1978, 1979) und FÄRBER (1987), die Ergebnisse aus Labor- und Felduntersuchungen gegenübergestellt haben, wird in der Forschungshypothese G postuliert, daß Labor- und Feldbedingungen nicht nur vergleichbar sind, sondern daß darüber hinaus die zu erwartenden Entscheidungszeiten in der Felduntersuchung anhand des in der Laboruntersuchung erhobenen Leistungsniveaus vorhersagbar sind.

Die in Kapitel 23.1 aufgeführten Ergebnisse sprechen eindeutig für die Prädiktionsmöglichkeit der zu erwartenden Leistungen im Feldversuch auf Grundlage des im Labor erhobenen Leistungsniveaus und unterstützen die Forschungshypothese G.

Dabei erzielte die Schwierigkeitsstufe des Laborexperiments, in der die größte Verhaltensvariabilität möglich war, den deutlichsten Vorhersagewert für fast alle Verkehrssituationen. Bei dieser Schwierigkeitsstufe wird angenommen, daß hier das Verhalten am ehesten mit dem Fahrerverhalten im realen Straßenverkehr vergleichbar ist.

Die Leistungen während des Einparkvorgangs konnten hingegen bedeutend weniger zuverlässig vorhergesagt werden. Vor dem Hintergrund, daß die Anforderungen des Einparkens im Feldversuch keine Entsprechung bei der Aufgabenstellung im Labor haben, und dementsprechend als eine inkompatible Variable für die Messung verstanden werden, kann auch dieses Ergebnis als hypthsenkonform bezeichnet werden.

23.3.2 Die Prädiktion der physiologischen Beanspruchung im Labor: Hypothese H

In der Untersuchungshypothese H ist formuliert, daß auch die physiologische Beanspruchung auf Grundlage der Labordaten für die Felduntersuchung vorhersagbar ist.

Die Ergebnisse der vorliegenden Arbeit (vgl. Kap. 21.2) bestätigen diese Annahme. Die körperliche Beanspruchung gibt einen Hinweis auf die folgende Beanspruchung in der Felduntersuchung. Dabei basiert die zuverlässigste Vorhersagemöglichkeit auf der Beanspruchungsmessung in der leichtesten Schwierigkeitsstufe des Laborexperimentes. Dies entspricht auch der subjektiv eingeschätzten Aufgabenschwierigkeit des Laborversuches von Seiten der Versuchspersonen. Diese empfanden die Aufgabenstellung des Laborexperiments deutlich schwieriger, als die Felduntersuchung, wobei in beiden Bedingungen die Nebenaufgabe jeweils als besonders schwierig bewertet wurde. Nach dieser subjektiven Einschätzung kann angenommen werden, daß die Beanspruchung der leichteste Schwierigkeitsstufe im Labor am ehesten mit der Beanspruchung der Untersuchungssituationen im Feldversuch in Beziehung gesetzt werden kann.

Gleichzeitig sollte aber auf den Hinweis von PFENDLER (1982) verwiesen werden, der vor einer Überbewertung der Herzratenprädiktion warnt, weil bei diesem physiologischen Beanspruchungsmaß eine ausgeprägte interindividuellen Streuung der Werte vorliegt.

23.3.3 Die Prädiktion der Leistungen im Feld differenziert nach Probandengruppen: Hypothese J

In der Untersuchungshypothese J ist postuliert, daß bei Probanden, die sich im Laborversuch instruktionsgerecht verhalten haben, zuverlässigere Vorhersagen bezüglich der Leistungen im Feldversuch möglich sind als bei Versuchspersonen, denen kein instruktionsgemäßes Verhalten nachgewiesen werden konnte. Nach der vorgegebenen Instruktion war eine vermehrte Aufmerksamkeit auf die Bearbeitung der simulierten Fahraufgabe wünschenswert und galt als instruktionsgemäßes Untersuchungsverhalten. Dabei wurde instruktionsgemäßes Verhalten aus der Gegenüberstellung der Leistungen in Haupt- und Nebenaufgabe berechnet (vgl. Kap. 21.3 – 21.7).

Die Ergebnisse bestätigen die Untersuchungshypothese J, sie belegen, daß bei Untersuchungsteilnehmern, die sich instruktionsgemäß verhielten und die Bearbeitungspriorität zugunsten der Hauptaufgabe wählten, die zuverlässigsten Prädiktionsmaße bezüglich der Entscheidungszeiten im Feldversuch erzielt wurden. Die Vorhersage für die Probanden mit instruktionsgerechtem Verhalten wies auch höhere Vorhersagewerte auf als dies bei der Gesamtstichprobe möglich war. Das vorliegende Ergebnis spricht damit nicht nur für die Reliabilität der vorliegenden Untersuchung, sondern kann auch als Hinweis auf die Validität der Messung angesehen werden.

23.4 Weitere Forschungsfragen

In der vorliegenden Studie wurde auch der biographische Hintergrund der Versuchspersonen berücksichtigt, wobei der Einfluß des Lebensalters und des Geschlechts auf die Leistungen und die subjektiv erlebte Beanspruchung in der Labor- und Felduntersuchung im Vordergrund standen.

23.4.1 Alterseinflüsse

Mit steigendem Alter der Untersuchungsteilnehmer wurde eine Abnahme der kognitiven Leistungsfähigkeit angenommen. Außerdem wurde erwartet, daß sich ältere Probanden als subjektiv stärker beansprucht durch die Versuchsteilnahme fühlen als jüngere Versuchspersonen (vgl. Kap. 16.4).

Die Ergebnisse zeigen die erwartete Entwicklung, daß es mit steigendem Alter zu einer Verschlechterung der Leistung im Labor- und im Feldversuch kommt. Bei den meisten Variablen verläuft die Leistungsverschlechterung mit steigendem Alter kontinuierlich. Die Grenze, ab der am deutlichsten ein Leistungsrückgang beobachtet werden kann, liegt bei 50 Jahren (vgl. STEPHAN et al. 1999). Dieser Effekt zeigte sich sowohl im Labor-, als auch im Feldversuch besonders deutlich bei den Leistungen in der Nebenaufgabe. Darüber hinaus wurde im Labor auch bei der Hauptaufgabe mit zunehmendem Alter eine Leistungsabnahme sichtbar (vgl. Kap. 22.1).

Um die Schwierigkeit der Hauptaufgabe zu verringern, reduzierten ältere Probanden im zweiten Teil der Untersuchung ihr simuliertes Fahrtempo. Nach KÜTING (1977) kann durch eine verminderte Geschwindigkeit die Beanspruchung reduziert werden. Obwohl ältere Teilnehmer ihre Fahrgeschwindigkeit in der vorliegenden Untersuchung verminderten, waren sie jedoch offenbar weiterhin so stark beansprucht, daß in diesen Untersuchungssituationen ihre Leistungen in der Nebenaufgabe vergleichsweise geringer waren. Demnach wird davon ausgegangen, daß ältere Untersuchungsteilnehmer während der gesamten Untersuchung über weniger mentale Restverarbeitungskapazität verfügten als jüngere Probanden. Ähnliche Ergebnisse werden auch von FÄRBER & FÄRBER (1988) berichtet. Die Autoren beobachteten mit zunehmendem Alter vornehmlich Leistungsabnahmen im kognitiven Bereich, während motorisch keine altersspezifischen Unterschiede bestanden.

In der vorliegenden Arbeit steht die beobachtete Leistungsverschlechterungen mit zunehmendem Lebensalter im Widerspruch zu der subjektiv eingeschätzten Beanspruchung der

Untersuchungsteilnehmer. Hier gaben ältere Untersuchungsteilnehmer an, durch den Versuch im Labor und Feld weniger stark beansprucht zu sein als jüngere Probanden. Lediglich hinsichtlich der Einschätzung der Nebenaufgabe im Laborversuch ergab sich kein bedeutsamer Alterseffekt (vgl. Kap. 22.5). Dieser vermeintliche Widerspruch zwischen der Leistung und der subjektiv eingeschätzten Beanspruchung mag darin begründet sein, daß ältere Versuchsteilnehmer die vorhandenen Defizite durch eine subjektive Verharmlosung der Beanspruchung kompensiert haben.

23.4.2 Geschlechtsspezifische Unterschiede

Im Bezug auf das Geschlecht der Untersuchungsteilnehmer wurden weder im Labor- noch im Feldversuch Leistungsunterschiede angenommen, auch bei der subjektiven Einschätzung der Beanspruchung durch die Untersuchung wurde von keinen geschlechtsspezifischen Unterschieden ausgegangen (vgl. Kap. 16.4).

Erwartungskonform ergaben sich bezüglich der mentalen Informationsverarbeitungskapazität keine signifikanten Geschlechtsunterschiede, tendenziell benötigten Frauen im Labor- und Feldversuch etwas längere Entscheidungszeiten bei der Bearbeitung der Nebenaufgabe. Auch REITER (1976) fand bei weiblichen Kraftfahrern, unabhängig von der Fahrbelastung, vergleichsweise längere Reaktionszeiten bei Wahlreaktionsaufgaben und einfachen Reaktionsaufgaben.

Hinsichtlich der subjektiv erlebten Beanspruchung schätzten Frauen die Beanspruchung durch die Fahraufgabe in der vorliegenden Studie in der Labor- und Felduntersuchung höher ein, als die männlichen Probanden, wobei dieser Unterschied im Feldversuch auf die größere Fahrroutine der Männer zurückgeführt werden kann. Hinsichtlich des subjektiv bewerteten Beanspruchungsgrads durch die Nebenaufgabe gab es hingegen weder in der Labor- noch in der Felduntersuchung einen statistisch bedeutsamen Unterschied.

Zusammenfassung

Die in der verkehrspsychologischen Fachliteratur viel diskutierten Vor- und Nachteile von Labor- und Felduntersuchungen machen deutlich, daß beide Untersuchungsumgebungen nicht in gleichem Maße für die Bearbeitung unterschiedlicher Fragestellungen innerhalb der verkehrspsychologischen Forschung geeignet sind. Unter kontrollierten Laborbedingungen lassen sich einzelne Aspekte des Verhaltens im Straßenverkehr ohne Unfallrisiko und mit nur geringen Störeinflüssen isoliert betrachten. Das Laborexperiment bietet somit eine ökonomische Untersuchungsalternative zum Feldversuch und weist darüber hinaus eine hohe interne Validität auf. Die Generalisierbarkeit der Laborergebnisse kann allerdings nur in einer anschließenden Felduntersuchung überprüft werden.

Unklarheiten bestanden innerhalb der Verkehrspsychologie lange Zeit darüber, ob objektive, körperliche und mentale Indikatoren zur Bestimmung der Beanspruchung verwendet werden können, so daß in der Vergangenheit viele unterschiedliche Forschungsansätze zur Operationalisierung eines gemeinsamen Beanspruchungskonstruktes verwendet wurden (vgl. u.a. O'DONNELL & EGGEMEIER, 1986; NIRSCHL & KOPF, 1997).

Typische Fragestellungen der Verkehrspsychologie, die sich mit den Problemfeldern der Beanspruchungsmessung beschäftigen, gehen beispielsweise Fragen der Wirkung von Monotonie bei Langzeit- oder Nachtfahrten nach (TRÄNKLE, 1978, ANGERMANN, 1987). Oft werden auch Fragestellungen untersucht, die den Belastungsgehalt von Fahrerberufen zum Gegenstand haben (FELNÉMETI & BOON-HECKL, 1985, KIEGELAND, 1990). Ferner werden häufig verschiedene Fahrergruppen, wie z.B. junge versus erfahrene ältere Kraftfahrern untersucht (BARTMANN, 1995, FASTENMEIER 1995).

Als physiologische Beanspruchungsindikatoren werden in der verkehrspsychologischen Beanspruchungsforschung unterschiedliche Biosignale, wie das Elektrokardiogramm, die elektrodermale Aktivität, die Flimmerverschmelzungsfrequenz, das Blickverhalten oder auch biochemische Veränderungen als Beanspruchungsindikatoren eingesetzt. Die verschiedenen Parameter reagieren und verändern sich bei einer zu untersuchenden Belastung aber nicht unbedingt in übereinstimmender Weise, was die Formulierung eines allgemeingültigen Beanspruchungskonzepts erschwert.

Die Herzschlagfrequenz hat sich als gut zu erhebender und interpretierender Beanspruchungsindikator erwiesen, mit dem sich unterschiedliche Belastungen differenziert abbilden lassen (vgl. FELNÈMETI & BOON-HECKL, 1985; BROOKHUIS & DE WAARD 1993).

Als Maß für die mentale Beanspruchung wurden in der verkehrspsychologischen Forschung häufig Doppelaufgaben eingesetzt, die über eine lange Tradition mit einem allgemeinpsychologischen Hintergrund aus der Wahrnehmungspsychologie verfügen. Das Doppelaufgabenparadigma beruht darauf, daß eine bestimmte Tätigkeit, hier die Fahraufgabe, mit einer Nebenaufgabe verbunden wird, um die gesamte Spanne der Informationsverarbeitungskapazität auszufüllen. Diese Untersuchungen werden sowohl im Feldversuch als auch im Laborexperiment durchgeführt, wobei die Fahrtätigkeit in der Laboruntersuchung meist mit Hilfe einer computergestützten Fahrsimulation nachgestellt wird.

Um differenzierte Aussagen über die kognitive Beanspruchung treffen zu können, kommt der Auswahl einer geeigneten Nebenaufgabe eine entscheidende Bedeutung zu. Innerhalb der verkehrspsychologischen Forschung wurde eine Vielzahl unterschiedlichster Nebenaufgaben entwickelt, die sich für verschiedene Fragestellungen als mehr oder weniger erfolgreich erwiesen haben. Aufbauend auf diesen Erfahrungen konnten u.a. von FÄRBER (1987) generelle Kriterien für den Einsatz von Nebenaufgaben formuliert werden, wobei die Eignung verschiedener Aufgabentypen immer auch in Abhängigkeit von der vorliegenden Fragestellung und der gewählten Untersuchungsumgebung gesehen werden muß. Innerhalb der kognitiven Psychologie gibt es aber auch kritische Stimmen, die die theoretischen Voraussetzungen für den Einsatz von Doppelaufgaben in Frage stellen. Grundlegend für die kontrovers geführte Diskussion ist dabei die Frage, ob die menschliche Informationsverarbeitung seriell abläuft und damit einer Begrenzung unterliegt, oder ob verschiedene Informationskanäle vielmehr gleichzeitig parallel verarbeitet werden können.

Nach dem derzeitigen Stand der Forschung läßt sich diesbezüglich keine Entscheidung treffen. Hier sind weitere empirische Arbeiten mit grundlagenwissenschaftlicher Ausrichtung erforderlich. In der angewandten verkehrspsychologischen Forschung hat sich der Einsatz des Doppelaufgabenparadigmas zweifellos vielfach bewährt und als eine sinnvolle Methode zur Erfassung der kognitiven Auslastung von Verkehrsteilnehmern durchgesetzt. In der empirischen Verkehrspsychologie finden sich eine Reihe von Anwendungsbeispielen für Nebenaufgabentätigkeiten, die überwiegend von zufriedenstellenden Ergebnissen berichten (u.a. BROWN, 1965; HARMS, 1991; WIEGAND, 1991; BARTMANN, 1995; NIRSCHL & KOPF, 1997).

Der Versuchsaufbau der vorliegenden Arbeit basiert auf dem theoretischen Modell zur elementaren und komplexen menschlichen Informationsverarbeitung (MEKIV) von HUSSY (1998). Unter der Voraussetzung einer begrenzten Informationsverarbeitungskapazität soll der verbleibende Teil an Ressourcen, der nicht durch die Fahraufgabe in Anspruch genommen wird, durch eine Nebentätigkeit ausgefüllt werden.

Als Untersuchungsmethode wurden Doppelaufgaben eingesetzt, die jeweils unter standardisierten Laborbedingungen und im Feldversuch zu bearbeiten waren. Im Laborexperiment wurde die Hauptaufgabe mit Hilfe einer computergestützten Fahrsimulation durchgeführt. Als Nebenaufgabe wurde eine einfache optische Reizdiskriminationsaufgabe ausgewählt, bei der zwischen verschiedenen Signalkonstellationen differenziert werden mußte. Dabei wurden verschiedene Leuchtdiodenmuster angezeigt, für die grundsätzlich zwei mögliche Reaktionen vorgesehen waren und auf die im individuell bestimmten Arbeitstempo reagiert wurde.

Bei der Fahraufgabe des Laborexperiments war ein Fahrzeug über einen definierten Rundkurs in einer virtuellen Welt zu steuern, möglichst ohne dabei die Fahrbahn zu verlassen. In insgesamt 9 verschiedenen Situationsbedingungen wurden sowohl die Schwierigkeit als auch die Komplexität der Fahraufgabe variiert.

Im ersten Teil der Laboruntersuchung war die Geschwindigkeit konstant und schwankte als Schwierigkeitsmanipulation zwischen den Situationen zwischen 40 und 80 km/h. Die Komplexität wurde zeitweise durch angezeigte Verkehrsschilder erhöht, worauf je nach Kategorie des Verkehrszeichens eine zusätzliche Bremsreaktion zu erfolgen hatte. Im zweiten Teil des Laborszenarios wurde die Fahrgeschwindigkeit von der Versuchsperson selbst reguliert. Dabei wurde unterschieden zwischen einer Bedingung mit frei wählbarem Tempo und verschiedenen zulässigen Höchstgeschwindigkeiten, die nicht überschritten werden sollten.

Die Hauptaufgabe im Feldversuch bestand aus einer etwa 30-minütigen Versuchsfahrt durch die Kölner Innenstadt und beinhaltete eine Reihe unterschiedlich belastender Fahrmanöver. Damit das Untersuchungsinstrument nicht auf eine ausgewählte Teststrecke beschränkt bleiben muß, sondern flexibel auf verschiedene Untersuchungsumgebungen übertragbar ist, wurde eine Situationstaxonomie erarbeitet, anhand derer sich die unterschiedliche Belastungswirkung ausgewählter Verkehrssituationen empirisch messen läßt. Bei der Wahl der Situationsklassen wurde auf den Erfahrungen bereits vorliegender Klassifikationsschemata aufgebaut (v. BENDA, 1983; FASTENMEIER, 1995), gleichzeitig aber eine Beschränkung auf zentrale Fahrmanöver vorgenommen. Bei der Situationserfassung standen insbesondere Abbiegevorgänge im Mittelpunkt, die hinsichtlich der Vorhersehbarkeit der Verkehrsumstände in „einfache" und „komplexe" Manöver unterteilt wurden.

Neben einem Fragebogen zur Erfassung biographischer Merkmale wurde ein eigens konstruierter Fragebogen zur subjektiven Befindlichkeit eingesetzt, um Rückschlüsse auf die erlebte Schwierigkeit des Experiments zu gewinnen.

Die Hauptuntersuchung wurde anhand einer Stichprobe von 100 Versuchspersonen durchgeführt. Bei den Untersuchungsteilnehmern handelt es sich um einen vergleichsweise repräsentativen Querschnitt aus der Bevölkerung. Das Durchschnittsalter der Probanden betrug 43 Jahre. Darüber hinaus waren alle Versuchspersonen erfahrene Autofahrer; Fahranfänger wurden aus Sicherheitsgründen nicht berücksichtigt. Vergleichbar mit dem eingesetzten Versuchsfahrzeug benutzten die Probanden in der Regel Mittelklassefahrzeuge mit etwa 1800 cm³ und 100 PS. An der Untersuchung nahmen mehr Männer als Frauen teil; die Männer waren im Durchschnitt etwas älter und verfügten über erheblich mehr Fahrpraxis.

Die zentrale Meß- und Steuerungsplattform der beschriebenen Studie war das Kölner VITAPORT-System. Neben der Vorgabe der Nebenaufgabe wurden hier als Zeitreihe alle Daten der verschiedenen Meßkanäle simultan gespeichert.

Auf Grundlage der angenommenen begrenzten Kapazität des Arbeitsgedächtnisses wurde davon ausgegangen, daß die Leistungen in der Nebenaufgabe mit zunehmender Komplexität und Schwierigkeit der Hauptaufgabe abnehmen. Die vorliegenden Ergebnisse bestätigen diese Hypothese: Mit zunehmender Aufgabenkomplexität und Schwierigkeit der simulierten Fahraufgabe war ein deutlicher Leistungsabfall in der Nebenaufgabe erkennbar.

Im Hinblick auf die physiologische Beanspruchung wurde vor allem der Einfluß der simulierten Fahrgeschwindigkeit deutlich. In Abhängigkeit von der Aufgabenschwierigkeit und Komplexität konnten signifikante Unterschiede in der Herzrate festgestellt werden. Die Herzschlagfrequenz wurde maßgeblich durch die Bearbeitung der Hauptaufgabe beeinflußt, der Einfluß der Nebenaufgabe war hingegen weniger deutlich. Dem von FÄRBER (1987) geforderten Kriterium von Doppelaufgaben, nach dem keine allgemeine Arousalerhöhung aus der Aufgabenstellung der Nebenaufgabe resultieren sollte, konnte somit entsprochen werden.

Auch bei den Leistungen in der Hauptaufgabe zeigte sich der Einfluß der Fahrgeschwindigkeit. Entsprechend der Annahme, daß durch ein erhöhtes Fahrtempo die exakten Lenkbewegungen erschwert werden, nahmen die lateralen Abweichungen von der Fahrbahnmitte u.a. bei einer höheren Geschwindigkeit zu. Diese Ergebnisse werden in Übereinstimmung mit den von KÜTING (1977) berichteten Ergebnissen gesehen. Auch PFENDLERs (1982) Befunde zeigen, daß die Beanspruchung bei einer Lenkaufgabe u.a. in Abhängigkeit von der simulierten Fahrgeschwindigkeit variiert.

Darüber hinaus ist bei den Ergebnisse der beschriebenen Untersuchungsreihe erkennbar, daß die Leistungen der Hauptaufgabe nicht unbeeinflußt von der Bearbeitung der Neben- aufgabe sind: Durch die zusätzliche Bearbeitung der Nebenaufgabe kam es zu Lei- stungsabnahmen in der Hauptaufgabe. Der Forderung von ODGEN et al. (1979), wonach die Ausführung der Hauptaufgabe nicht durch den Einsatz von Nebenaufgaben beeinflußt werden soll, konnte hier nicht vollständig Rechnung getragen werden. GRIMM (1988) kommt bei seiner Bewertung des Einsatzes von Doppelaufgaben allerdings zu dem Schluß, daß sich bei der praktischen Umsetzung von Doppelaufgaben Interferenzen zwi- schen Haupt- und Nebenaufgabe kaum vermeiden lassen.

Bei der Untersuchung der Retest-Reliabilität aus den Labordaten der Pilot- und Hauptun- tersuchung ergab sich ein hoher Reliabilitätskoeffizient, der bestätigt, daß es sich bei der Laboruntersuchung um eine ausreichend exakte Messung mit einer ausgeprägten Aufga- benhomogenität handelt.

In der Feldstudie war eine deutliche Kovariation des mentalen und physiologischen Bean- spruchungsparameters erkennbar. Bei beiden Beanspruchungsmaßen wurden deutliche Unterschiede zwischen den Untersuchungssituationen protokolliert: Während der Abbie- gevorgänge, des Spurwechsels und des Ein- und Ausparkens wurde eine vergleichsweise höhere Herzrate und deutlich längere Entscheidungszeiten in der Nebenaufgabe benötigt, als in den Fahrabschnitten, in denen vorwiegend geradeaus gefahren wurde. Bei der diffe- renzierten Betrachtung der Abbiegevorgänge hinsichtlich der Situationskomplexität zeigt sich, daß das kognitive Beanspruchungsmaß bei komplexen Abbiegevorgängen nur zum Teil stärker ausgeprägt war als bei Abbiegemanövern in weniger komplexen Situationen.

Aufgrund der physiologischen Beanspruchung konnte eine derartige Unterscheidung hin- gegen nicht vorgenommen werden, weil die Herzrate bei komplexen Abbiegevorgängen nicht signifikant höher ausgeprägt war als bei Abbiegemanövern in weniger komplexen Verkehrssituationen. Dieses Ergebnis kann mit der relativen Trägheit dieses Maßes zu- sammenhängen, die dazu geführt haben kann, daß die klassifizierte Belastung und die daraus resultierende physiologische Veränderung nicht innerhalb des gleichen Meßzeit- punkts, sondern mit zeitlicher Verzögerung aufgetreten ist. Der erfolgreiche Einsatz kardiovaskulärer Beanspruchungsindikatoren für verkehrspsychologische Fragestellungen, wie er u.a. von BROOKHUIS & DE WAARD (1993) und FELNÈMETI & BOON-HECKL (1985) berichtet wird, konnte nicht bestätigt werden.

Die Prädiktion der zu erwartenden Beanspruchung im Feld auf Grundlage der Labordaten ist ein zentraler Bestandteil der vorliegenden Untersuchung. Die regressionsanalytische Datenauswertung zeigt, daß insbesondere die Laborsituation mit der größtmöglichen Verhaltensvariabilität den besten Vorhersagewert für alle untersuchten Verkehrssituationen bietet. Diese Prädiktion der Leistung bei der Doppelaufgabentätigkeit im realen Straßenverkehr setzte sich neben der einfachen Fahrbedingung auch durchgängig über die verschiedenen definierten Verkehrsszenarien fort. Die Situation des „Einparkens" stellte sich in mehreren Analysen als weitgehend unabhängig und nur eingeschränkt prognostizierbar heraus und übernahm dabei die Funktion einer Kontrollvariable für das Meßinstrumentarium. Der Vorgang des Einparkens hebt sich deutlich von den übrigen Fahrtätigkeiten ab und sollte demnach auch empirisch keine Entsprechung im simulierten Laborszenario finden.

Auch bei der Vorhersage der Herzrate auf Grundlage der Labordaten zeigten sich statistisch signifikante Prädiktoren. Hier hatte die leichteste Laborbedingung, die ohne Nebenaufgabe durchgeführt wurde, den besten Vorhersagewert für die Herzrate im Feldversuch. Dies entspricht der subjektiv eingeschätzten Schwierigkeit durch die Versuchspersonen, die die Laboruntersuchung als schwieriger bewerteten als den Feldversuch. Dabei wurde vor allem die Bearbeitung der Nebenaufgabe während der Fahrsimulation als schwierig empfunden.

Empirisch war für die Laborbedingung eine Aussage anhand des Quotienten aus der skalierten Leistung in der Haupt- und in der Nebenaufgabe (NaHa-Index) möglich, ob die Versuchsperson instruktionsgemäß ihren Schwerpunkt auf die Bearbeitung der Hauptaufgabe gelegt hatte oder nicht. Nachdem die Versuchsstichprobe bezüglich ihres Bearbeitungsschwerpunkts in zwei Gruppen unterteilt wurde, konnten in der Folge beide Gruppen bezüglich der Vorhersagegüte des Verhaltens im Feld verglichen werden. Dabei resultierten bei der instruktionsgemäßen Hauptaufgabenbeachtung höhere Prädiktionsmaße gegenüber der Gruppe mit Nebenaufgabenpriorität.

Obwohl keine geschlechtsspezifischen Leistungsunterschiede erwartet worden waren, traten in drei Verkehrssituationen geschlechtsspezifische Niveauverschiebungen in der Bearbeitungsleistung der Nebenaufgabe auf: Frauen reagierten hier langsamer als Männer. Auch im Labor war dieser Unterschied tendenziell in allen Untersuchungsbedingungen beobachtbar.

In der Leistung der Hauptaufgabe waren hingegen keinerlei Unterschiede festzustellen, die sich auf das Geschlecht zurückführen ließen.

Bei der subjektiven Einschätzung der Beanspruchung durch die Untersuchung zeigten sich relevante Geschlechtsunterschiede: Männer beschrieben sich durch den Versuch als weniger belastet als Frauen.

Zu einer weitgehend kontinuierlich verlaufenden Leistungsverschlechterung kam es mit zunehmendem Alter der Probanden: Mit steigendem Alter nahmen die Leistungen in der Nebenaufgabe im Labor- und Feldversuch ab. Aber auch bei der Hauptaufgabe im Laborversuch erzielten ältere Untersuchungsteilnehmer schlechtere Leistungen. Ähnliche Ergebnisse werden auch von FÄRBER & FÄRBER (1988) berichtet, die Autoren beobachteten mit zunehmendem Alter vornehmlich Leistungsabnahmen im kognitiven Bereich.

Die Verschlechterung der Ergebnisse mit zunehmendem Lebensalter stehen im Widerspruch zur subjektive eingeschätzten Beanspruchung der Untersuchungsteilnehmer. Hier war festzustellen, daß mit zunehmendem Alter sowohl der Laborversuch als auch in noch stärkerem Maße der Feldversuch als weniger belastend eingeschätzt wurden.

Literatur

Angenendt, W., Erke, H., Hoffmann, G., Marburger, E., Molt, W. & Zimmermann, G. (1987). Situationsbezogene Sicherheitskriterien im Straßenverkehr. *Projekt-gruppenbericht der Bundesanstalt für Straßenwesen, Bereich Unfallfor-schung.* Heft 18. Bergisch-Gladbach: Bundesanstalt für Straßenwesen.

Angermann, K. (1987). Vigilanzindikatoren bei Dauerbeobachtungsaufgaben, unter-sucht am Beispiel nächtlicher Autobahnfahrten. *Zeitschrift für Arbeitswis-senschaft,* 41/4, 239-242.

Bartmann, A. (1995). *Zur Erfassung von „Routine" beim Führen von Kraftfahrzeugen - Eine Feldstudie.* Aachen: Shaker.

Benda, H. v. (1977). Die Skalierung der Gefährlichkeit von Straßen-verkehrssituationen. I. Teil: Ein Klassifikationssystem für Ver-kehrssituationen aus Fahrersicht. *Forschungsprojekt 7320 im Auftrag der Bundesanstalt für Straßenwesen,* München: TU, Lehrstuhl für Psychologie.

Benda, H. v., Hoyos, Graf C. & Schaible-Rapp, A. (1983). Klassifikation und Gefähr-lichkeit von Straßenverkehrssituationen. *Forschungsbericht der Bundesan-stalt für Straßenwesen,* Bergisch-Gladbach: Bundesanstalt für Straßenwe-sen.

BMV (Der Bundesminister für Verkehr), Abt. Straßenverkehr (Hrsg.) (1989). We-niger Verkehrszeichen – Bessere Beschilderung. Leitfaden des Bundesmi-nisters für Verkehr. Bergisch Gladbach: Bundesanstalt für Straßenwesen.

Bösser, T. (1987). *Gefährliche und aggressive Verhaltensweisen des Fahrers bei der Regelung des Abstandes auf der Autobahn.* Köln: TÜV Rheinland.

Bornemann, E. (1942). Untersuchungen über den Grad geistiger Beanspruchung. *Ar-beitspsychologie,* 12,142-191.

Bortz, J. (1993): *Statistik.* Berlin: Springer.

Broadbent, D.E. (1958). *Perception and communication.* London: Pergamon Press.

Brookhuis, K. & de Waard, D. (1993). The use of psychophysiology to assess driver status. *Ergonomics*, 36/9, 109-111.

Brosius, G. & Brosius, F. (1995). *SPSS - Base System und Professional Statistics*. Bonn: International Thomson Publishing.

Brown, I.D. & Poulton, E.C. (1961). Measuring the spare „mental capacity" of car drivers by a subsidiary task. *Ergonomics*, 4, 35-40.

Brown, I.D. (1964). *The measurement of perception and communication*. Oxfort: Pergamon Press.

Brown, I.D. (1965). A comparison of two subsidiary tasks used to measure fatigue in car drivers. *Ergonomics*, 1965,8, 467-473.

Brown, I.D., Tickner, A.H. & Simmonds, D.C.V. (1966). Effects of prolonged driving upon driving skill and performance of a subsidiary task. *Industrial Medicine and Surgery*, 35, 760-765.

Cohen, A. (1985). Das nutzbare Sehfeld erfahrener Automobilisten. In H. Häcker (Hrsg.). *Fortschritte der Verkehrspsychologie (1)*. Köln: Verlag TÜV-Rheinland, 33-59.

Cohen, A. (1987). Nutzbarer Sehfeldumfang und seine Variation in Feldsituationen. *Zeitschrift für experimentelle und angewandte Psychologie*. XXXIV, 1, 17-37.

De Waard, D. & Brookhuis, K. (1991). Assessing driver status: A demonstration experiment on the road. *Accident Analysis and Prevention*, 23, 4, 297-307.

De Waard, D., Jessurun, M., Steyvers, F., Raggatt, P. & Brookhuis, K. (1995). Effect of road layout and road environment on driving performance, drivers' physiology and road apperception. *Ergonomics*, 38, 7, 1395-1407.

Echterhoff, W. (1979). Psychologische Erprobungsstudie mit dem Fahrerleistungsmeßfahrzeug. *Forschungsbericht der Bundesanstalt für Straßenwesen*, Bergisch-Gladbach: Bundesanstalt für Straßenwesen.

Färber, B. (1987). *Geteilte Aufmerksamkeit - Grundlagen und Anwendung im motorischen Straßenverkehr*. H. Häcker (Hrsg.). Köln: TÜV Rheinland.

Färber, B. & Färber, B. (1988). Sicherheitsorientierte Bewertung von Anzeige- und Bedienelementen in Kraftfahrzeugen - Empirische Ergebnisse. *FAT-Schriftenreihe* Nr. 74, Bergisch-Gladbach: Bundesanstalt für Straßenwesen.

Fastenmeier, W. (1994). *Verkehrstechnische und verhaltensbezogene Merkmale von Fahrstrecken – Entwicklung und Erprobung einer Typologie von Straßenverkehrssituationen.* Unveröffentlichte Dissertation, TU, München.

Fastenmeier, W. (1995). Die Verkehrssituation als Analyseeinheit im Verkehrssystem. In W. Fastenmeier (Hrsg.). *Autofahrer und Verkehrssituation.* Köln: TÜV-Rheinland, 27-78.

Felnémeti, A. & Boon-Heckl, U. (1985). Belastungsuntersuchung an Salzburger Busfahrern. *Zeitschrift für Verkehrssicherheit,* 31, 1, 16-21.

Frieling, E. & Hoyos, C. Graf (1978). *Fragebogen zur Arbeitsanalyse (FAA).* Bern: Huber.

Frieling, E. & Sonntag, K. (1987). *Lehrbuch Arbeitspsychologie.* Bern: Huber.

Gopher, D. & Navon, D. (1980). How is performance limited: Testing the notion of central capacity. *Acta Psychologica,* 46, 161-180.

Gopher, D. Brickner, M. & Navon, D. (1982). Different difficulty manipulations interact differently with task emphasis: Evidence for multiple resources. *Journal of Experimental Psychology: Human Perception and Performance,* 8, 1, 146-157.

Grimm, H.G. (1988). Wahrnehmungsbedingungen und sicheres Verhalten im Straßenverkehr: Situationsübergreifende Aspekte. *Bericht zum Forschungsprojekt 8306 der Bundesanstalt für Straßenwesen,* Bergisch-Gladbach: Bundesanstalt für Straßenwesen.

Gstalter, H. (1985). Informationsgehalt von Verkehrsabläufen und Belastungsfolgen beim Kraftfahrer. In H. Häcker (Hrsg.). *Fortschritte der Verkehrspsychologie (1).* Köln: TÜV-Rheinland, 60-82.

Gstalter, H. & Fastenmeier, W. (1995). Auswirkungen von Navigationsinformationen im Kraftfahrzeug: Mögliche Sicherheitseffekte, wichtige Fahrervariablen und Folgerungen für empirische Untersuchungen. In W. Fastenmeier (Hrsg.). *Autofahrer und Verkehrssituation.* Köln: TÜV-Rheinland, 79-96.

Harms, L. (1991). Variation in driver's cognitive load. Effects of driving through village areas and rural junctions. *Ergonomics,* 34, 2, 151-160.

Hoyos, C. Graf & Kastner, M. (1986). Belastung und Beanspruchung von Kraftfahrern. *Forschungsbericht der Bundesanstalt für Straßenwesen,* Bergisch-Gladbach: Bundesanstalt für Straßenwesen.

Hoyos, C. Graf (1988). Mental load and risk in traffic behaviour. *Ergonomics* 31, 4, 571-584.

Hussy, W. (1998). *Denken und Problemlösen.* (2. überarbeitete und erweiterte Auflage). Stuttgart: Kohlhammer.

Jänig, W. (1987). Vegetatives Nervensystem. In R.F. Schmidt (Hrsg.). *Grundriß der Neurophysiologie.* Berlin: Springer, 221-275.

Jain, A. (1995). *Kardiovaskuläre Reaktivität im Labor und Feld. Eine komparative Studie zur Aussagekraft kardiovaskulärer Reaktivitätsparameter unter Feldbedingungen.* Münster: Waxmann.

Jain, A., Martens, W., Mutz, G., Weiß, R. & Stephan, E. (1996). Towards a comprehensive technology for recording and analysis of multiple physiological parameters within their behavioral and environmental context. In J. Fahrenberg & M. Myrtek (Hrsg.). *Ambulatory Assessment. Computer-assisted psychological and physiological methods in monitoring and field studies.* Seattle: Hogrefe & Huber, Publisher.

Johannsen, G. (1976). Nebenaufgaben als Beanspruchungsmeßverfahren in Fahrzeugführungsaufgaben. *Zeitschrift für Arbeitswissenschaft,* 1, 45-50.

Kastner, M. (1982). Kognitiv-emotionale Variablen der Beanspruchung beim Kraftfahrer. In W. Winkler (Hrsg.). *Verkehrspsychologische Beiträge I.* Braunschweig: Rot-Gelb-Grün (229-238).

Kiegeland, P. (1990). *Anforderung, Beanspruchung und verkehrsrelevante Einstellungen von Berufskraftfahrern: eine arbeitswissenschaftlich-verkehrspsychologische Felduntersuchung.* Köln: TÜV-Rheinland.

Klebelsberg, D.v. & Kallina, H. (1961). Wieviele Verkehrszeichen können gleichzeitig wahrgenommen werden? *Zentralblatt für Verkehrsmedizin, Verkehrspsychologie und angrenzende Gebiete,* 1, 20-22.

Klimmer, F. & Rutenfranz, J. (1989). Methoden zur Erfassung mentaler und emotionaler Belastung und Beanspruchung. In G. Schwabenberg, H. Pessenhofer & T. Kenner (Hrsg.). *Aktuelle Probleme der Angewandten und Experimentellen Streßforschung.* Frankfurt a.M.: Peter Lang. (13-43).

Knowles, W.B. (1963). Operator loading tasks. *Human Factors,* 5, 155-161.

Korteling, J. (1988). Information Processsing of Elderly Traffic Participants. *Report IZF 1988-9.* Soesterberg: Institute for Perception.

Koslowski, L. & Bryant, K. (1977). Sense of Direction, Spatial Orientation, and Cognitive Maps. *Journal of Experimental Psychology,* 3, 590-598.

Kroj, G. (1987). Unfallforschung und Verkehrssicherheit in der Bundesrepublik Deutschland aus verhaltenswissenschaftlicher Sicht. In G. Kroj & E. Spoerer (Hrsg.). *Wege der Verkehrspsychologie.* Braunschweig: Rot-Gelb-Grün.

Kroj, G. & Pfeiffer, G. (1973). Der Kölner Fahrverhaltens-Test (K-F-V-T). Frankfurt: Tetzlaff.

Küting, H. (1977). Belastung und Beanspruchung des Kraftfahrers - Literaturübersicht zum Stand der Forschung. *Zeitschrift für Verkehrssicherheit* 23, 1, 28-30.

Leutzbach, W. & Papvasiliou, V. (1988). Wahrnehumgsbedingungen und sicheres Verhalten im Straßenverkehr. Wahrnehmung in konkreten Verkehrssituationen. Bergisch-Gladbach: Bundesanstalt für Straßenwesen.

Michon, J.A. (1965). Studies on Subjective Duration. II. Subjective Time Measurement during Tasks with different Information content. *Acta Psychologica* 24, 205-212.

Michon, J.A. (1966). Tapping Regularity as a Measure of Perceptual Motor Load. *Ergonomics,* 9, 401-412.

Neumann, O. (1987). Beyond capacity: A functional view of attention. In H. Heuer & A. Sanders (Hrsg.). *Perspectives on perception and action*. Hillsdale: Lawrence Erlbaum, 363-394.

Neumann, O. (1992). Theorien der Aufmerksamkeit: von Methaphern zu Mechanismen. *Psychologische Rundschau*, 43, 83-101.

Nirschl, G. & Kopf, M. (1997). Untersuchung des Zusammenwirkens zwischen dem Fahrer und einem ACC-System in Grenzsituationen. In VDI-Berichte Nr. 1317, 119-148.

O'Donnell, R.D. & Eggemeier,T. (1986). Workload Assessment Methodology. In K. Boff, C. Kaufmann & J. Thomas (Hrsg.). *Handbook of Perception and Human Performance*. Vol. II. New York: Wiley.

Ogden, O.D., Levine, L.M. & Eisner, E.J. (1979). Measurement of Workload by Secondary Tasks. *Human Factors*, 21, 5, 529-548.

o.V. (1978). Der Mensch als Fahrzeugführer - Informationsaufnahme und -verarbeitung durch den Menschen. *Schriftenreihe der Forschungsvereinigung Automobiltechnik (FAT)*, Nr. 8. Bergisch-Gladbach: Bundesanstalt für Straßenwesen.

o.V. (1979). Der Mensch als Fahrzeugführer: Bewertungskriterien der Informationsbelastung - Visuelle und auditive Informationsübertragung im Vergleich. *Schriftenreihe der Forschungsvereinigung Automobiltechnik (FAT)*, Nr. 12. Bergisch-Gladbach: Bundesanstalt für Straßenwesen.

Pauli, R. (1936). Beiträge zur Kenntnis der Arbeitskurve. *Archiv für die Gesamte Psychologie*, 97, 465.

Pfendler, C. (1982). Bewertung der Brauchbarkeit von Methoden zur Messung der mentalen Beanspruchung bei Kfz-Lenkaufgaben. *Zeitschrift für Arbeitswissenschaften*, 3, 170-174.

Plath, H.E. & Richer, P. (1984). *Ermüdung, Monotonie, Sättigung, Streß (BMS)*. Göttingen: Hogrefe.

Reiter, K. (1976). *Die Beanspruchung des Kraftfahrers - Zum Problem ihres experimentellen Nachweises*. Unveröffentlichte Dissertation, Universität Trier.

Rohmert, W. (1984). Das Belastungs-Beanspruchungs-Konzept. *Zeitschrift für Arbeitswissenschaften*, 4, 193-200.

Rohmert, W., Kaiser, R., Breuer, J. & Heising,U. (1994a). Aufbau und Anwendung einer Fahrsimulation für arbeitswissenschaftliche Laborversuche. *Zeitschrift für Arbeitswissenschaften*, 2, 75-82.

Rohmert, W., Breuer, J. & Bruder, R. (1994b). Arbeitswissenschaftliche Analyse des Verhaltens von Fahrern beim Führen eines Automobils. In F. Burkardt & C. Winklmeier (Hrsg.). *Psychologie der Arbeitssicherheit - 7. Workshop 1993* Heidelberg: Ansanger, 479-493.

Sanders, A.F. (1983). Towards a model of stress and human performance. *Acta Psychologica*, 53, 61-97.

Schandry, R. (1989). *Lehrbuch der Psychophysiologie. Körperliche Indikatoren psychischen Geschehens.* München: Psychologie Verlags Union.

Schönpflug, W. (1987). Beanspruchung und Belastung bei der Arbeit - Konzepte und Theorien. In U. Kleinbeck & J. Rutenfranz (Hrsg.). *Enzyklopädie der Psychologie.* Göttingen: Hogrefe (130-184).

Schroiff, H.-W. & Möhler, W. (1986). Visual information pick-up in a simulated driving situation. In G. Debus and H.-W. Schroiff (Hrsg.). *The Psychology of work and organisation.* North Hollland: Elsevier Science Publishers (343-350).

Stephan, E. Hussy, W. Follmann, W. Hering, K. & Thiel, S. (in Druck). *Das Kölner Verfahren zur vergleichenden Erfassung der kognitiven Beanspruchung im Straßenverkehr (K-VEBIS).* Bergisch Gladbach: Bundesanstalt für Straßenwesen.

Tränkle, U. (1978). *Geschwindigkeitsbeschränkung und Fahrverhalten - Eine Analyse von Langzeitfahrten auf Autobahnen.* Darmstadt: Tetzlaff.

Walter, W. (1989). *Informationsergonomische Bewertung analoger und digitaler Codierung der Fahrgeschwindigkeit im Kfz: ein Feldexperiment.* Köln: TÜV Rheinland.

Weissbrodt, G. (1989). *Fahranfänger im Straßenverkehr.* Bericht der Bundesanstalt für Straßenwesen. Bereich Unfall- und Sicherheitsforschung Straßenverkehr, 70. Bremerhaven: Wirtschaftsverlag NW.

Wickens, C.D. (1980). The structure of attentional resources. R. Nickerson (Hrsg.), *Attention and Performance* VIII. 239-257. Hillsdale, N.J.: Erlbaum.

Wickens, C.D. (1992). *Engineering psychology and human performance.* (2. Aufl.). New York: HarperCollins Publisher Inc.

Wickens, C.D. & Liu, Y. (1988). Codes and modalities in multiple resources: A success and a qualifikation. *Human Factors*, 30, 599-616.

Wiegand, D. (1991). Die quantitative Bestimmung der psychischen Beanspruchung während aufgabenbezogener Tätigkeiten einschließlich Fahrzeugführung durch konkurrierende Zeitintervallschätzungen. In A. Cohen & R. Hirsig (Hrsg.). *Fortschritte der Verkehrspsychologie '90, 30. bdp-Kongreß für Verkehrspsychologie und Fortbildungsveranstaltung.* Köln: TÜV-Rheinland.

Wierwille, W. & Tijerina, L. (1995). Eine Analyse von Unfallberichten als ein Mittel zur Bestimmung von Problemen, die durch die Verteilung der visuellen Aufmerksamkeit und der visuellen Belastung innerhalb des Fahrzeugs verursacht werden. *Zeitschrift für Verkehrssicherheit*, 41, 4, 164-168.

Anhang

Anhang A: Biographischer Fragebogen

Code: _____

Alter: _____

Beruf: _____

Geschlecht: ☐ männlich   ☐ weiblich

Haben Sie einen Führerschein für die folgenden Kraftfahrzeugklassen?

☐ Klasse III / PKW

☐ Klasse I / Motorrad

☐ Klasse II /LKW

Den Führerschein der Klasse III besitzen Sie seit _____ Jahren.

Sie fahren durchschnittlich _____ Kilometer im Jahr.

Davon _____ % auf Autobahnen _____ % auf Bundes- und Landstraßen und _____ % im Stadtgebiet.

Wenn Sie fahren, fahren Sie _____ % als Berufspendler und _____ % privat.

Seit dem Erwerb Ihres Führerscheins haben Sie bisher ca. _____ Kilometer zurück-
gelegt.

Bei freier Autobahn fahren Sie maximal bis zu _____ Stundenkilometern schnell.

Wie regelmäßig benutzen Sie einen PKW?

☐ täglich

☐ wöchentlich

☐ monatlich

☐ seltener

Ist Ihnen die Fahrerlaubnis zeitweilig entzogen worden?

☐ noch nie

☐ einmal

☐ zweimal

☐ mehr als zweimal

Waren Sie schon in Verkehrsunfälle verwickelt?

☐ Ja

☐ Nein

Davon waren _____ selbstverschuldet und _____ fremdverschuldet Unfälle.

Es handelte sich dabei um leichtere Unfälle (Unfälle mit Sachschaden) ☐

schwerere Unfälle (mit Personenschaden) ☐

Ihr   zuletzt   gefahrener   Fahrzeugtyp   war   ein   _____

mit _____ Hubraum und _____ PS.

Sind Sie derzeit beim Kraftfahrtbundesamt registriert?

☐   Nein

☐   Ja, einmal

☐   Ja, mehr als einmal

Anhang B: Feedback-Fragebogen

Name / Code: _____

Die Fahraufgabe der Untersuchung fand ich anstrengend ☐☐☐☐☐ nicht anstrengend.

Ich fühlte mich dabei überfordert ☐☐☐☐☐ unterfordert.

Ich konnte die Fahraufgabe gut bearbeiten ☐☐☐☐☐ schlecht bearbeiten.

Die Fahraufgabe war für mich ermüdend ☐☐☐☐☐ nicht ermüdend.

Die Fahraufgabe war **zu Beginn** der Untersuchung leicht ☐☐☐☐☐ schwer zu bearbeiten.

Am Ende der Untersuchung war die Fahraufgabe leicht ☐☐☐☐☐ schwer zu bearbeiten.

Die Beantwortung der Lichtsignale der Untersuchung fand ich anstrengend ☐☐☐☐☐ nicht anstrengend.

Ich fühlte mich dabei überfordert ☐☐☐☐☐ unterfordert.

Ich konnte die Lichtsignale während der ganzen Zeit gut bearbeiten ☐☐☐☐☐ schlecht bearbeiten.

Das Beantworten der Lichtsignale war für mich ermüdend ☐☐☐☐☐ nicht ermüdend.

Das Beantworten der Lichtsignal war **zu Beginn** der Untersuchung leicht ☐☐☐☐☐ schwer.

Am Ende der Untersuchung fiel mir das Beantworten der Lichtsignale leicht ☐☐☐☐☐ schwer.

Anhang C: Instruktionen der einzelnen Situationen des Laborversuchs[5]

1. Im folgenden fährt Ihr Fahrzeug mit 40 Kilometer in der Stunde. Bitte lenken Sie das Fahrzeug möglichst genau auf der durch Punkte kenntlich gemachten Fahrbahnmitte.

2. Im folgenden fährt Ihr Fahrzeug mit 80 Kilometern in der Stunde. Bitte lenken Sie das Fahrzeug möglichst genau auf der durch Punkte kenntlich gemachten Fahrbahnmitte.

3. Im folgenden fährt Ihr Fahrzeug mit 40 Kilometern in der Stunde. Bitte lenken Sie das Fahrzeug möglichst genau auf der durch Punkte kenntlich gemachten Fahrbahnmitte. Versuchen Sie nach Möglichkeit die Nebenaufgabe zusätzlich zu bearbeiten. Richten Sie Ihre Konzentration aber bitte schwerpunktmäßig auf die genaue Ausführung der Fahraufgabe.

4. Im folgenden fährt Ihr Fahrzeug mit 80 Kilometern in der Stunde. Bitte lenken Sie das Fahrzeug möglichst genau auf der durch Punkte kenntlich gemachten Fahrbahnmitte. Versuchen Sie nach Möglichkeit die Nebenaufgabe zusätzlich zu bearbeiten. Richten Sie Ihre Konzentration aber bitte schwerpunktmäßig auf die genaue Ausführung der Fahraufgabe.

5. Im folgenden fährt Ihr Fahrzeug mit 40 Kilometern in der Stunde. Bitte lenken Sie das Fahrzeug möglichst genau auf der durch Punkte kenntlich gemachten Fahrbahnmitte. Beim Erkennen eines situationsrelevanten Verkehrszeichens betätigen Sie bitte einmal kurz die Bremse. Versuchen Sie nach Möglichkeit die Nebenaufgabe zusätzlich zu bearbeiten. Richten Sie Ihre Konzentration aber bitte schwerpunktmäßig auf die genaue Ausführung der Fahraufgabe.

6. Im folgenden fährt Ihr Fahrzeug mit 80 Kilometern in der Stunde. Bitte lenken Sie das Fahrzeug möglichst genau auf der durch Punkte kenntlich gemachten Fahrbahnmitte. Beim Erkennen eines situationsrelevanten Verkehrszeichens betätigen Sie bitte einmal kurz die Bremse. Versuchen Sie nach Möglichkeit die Nebenaufgabe zusätzlich zu bearbeiten. Richten Sie Ihre Konzentration aber bitte schwerpunktmäßig auf die genaue Ausführung der Fahraufgabe.

---

[5] Der Text wird als Soundfile-Datei vor Beginn der jeweiligen Untersuchungssituation vom Computer akustisch vorgegeben

7. Bitte lenken Sie Ihr Fahrzeug im folgenden möglichst genau auf der durch Punkte kenntlich gemachten Fahrbahnmitte. Die Geschwindigkeit können Sie frei wählen. Bitte fahren Sie so schnell wie es Ihnen möglich ist, ohne daß Sie die Fahrbahnmitte verlassen. Versuchen Sie nach Möglichkeit die Nebenaufgabe zusätzlich zu bearbeiten. Richten Sie Ihre Konzentration aber bitte schwerpunktmäßig auf die genaue Ausführung der Fahraufgabe.

8. Bitte lenken Sie Ihr Fahrzeug im folgenden möglichst genau auf der durch Punkte kenntlich gemachten Fahrbahnmitte. Bitte passen Sie Ihre Geschwindigkeit der zulässigen Höchstgeschwindigkeit an. Versuchen Sie nach Möglichkeit die Nebenaufgabe zusätzlich zu bearbeiten. Richten Sie Ihre Konzentration aber bitte schwerpunktmäßig auf die genaue Ausführung der Fahraufgabe.

9. Bitte lenken Sie Ihr Fahrzeug im folgenden möglichst genau auf der durch Punkte kenntlich gemachten Fahrbahnmitte. Bitte passen Sie Ihre Geschwindigkeit der zulässigen Höchstgeschwindigkeit an. Versuchen Sie nach Möglichkeit die Nebenaufgabe zusätzlich zu bearbeiten. Richten Sie Ihre Konzentration aber bitte schwerpunktmäßig auf die genaue Ausführung der Fahraufgabe.